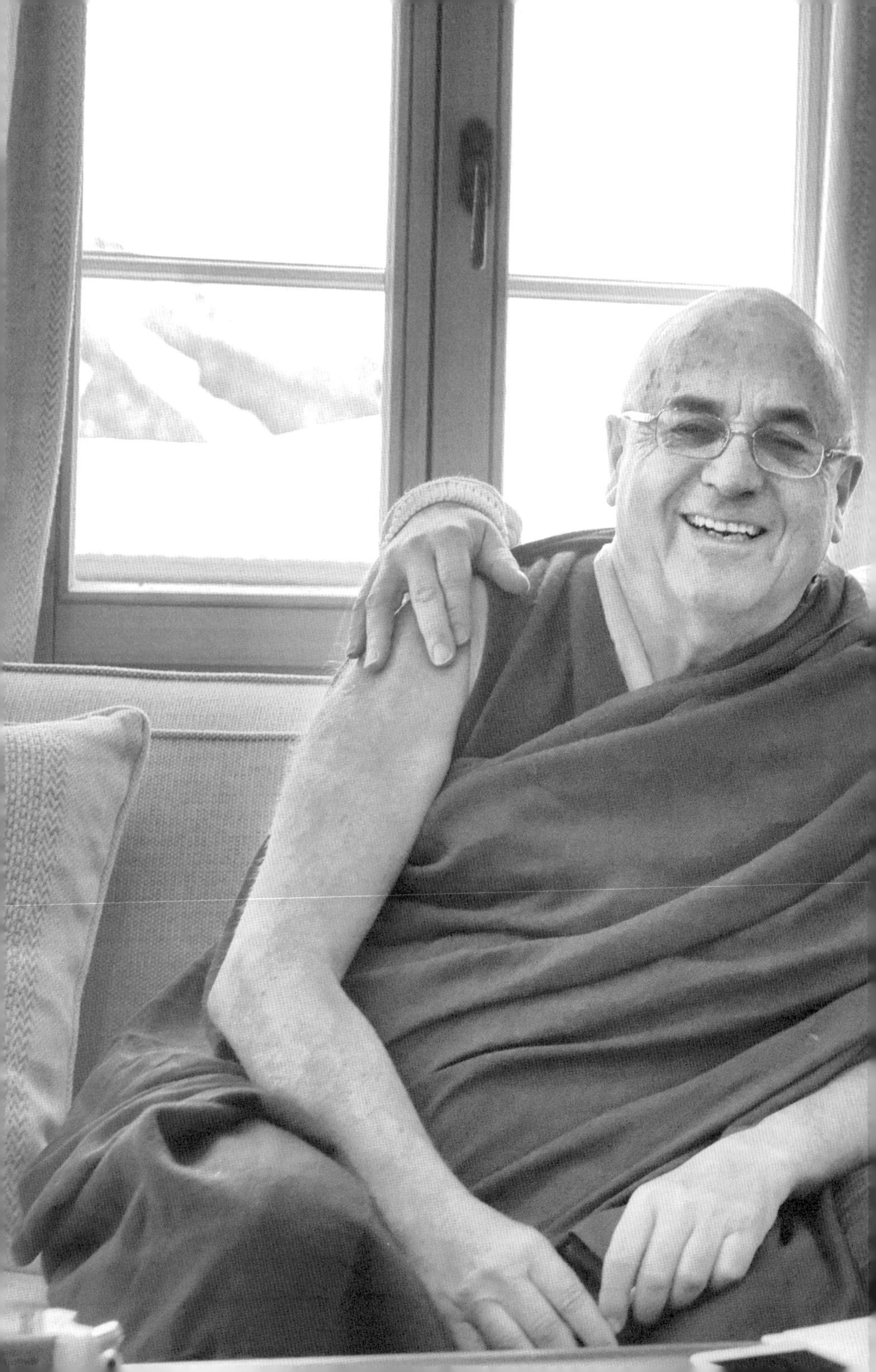

人生關鍵字

僧侶、醫師與哲學家的智慧探索

馬修·李卡德
克里斯多福·安得烈
亞歷山大·喬連安
著

Geraldine LEE
譯

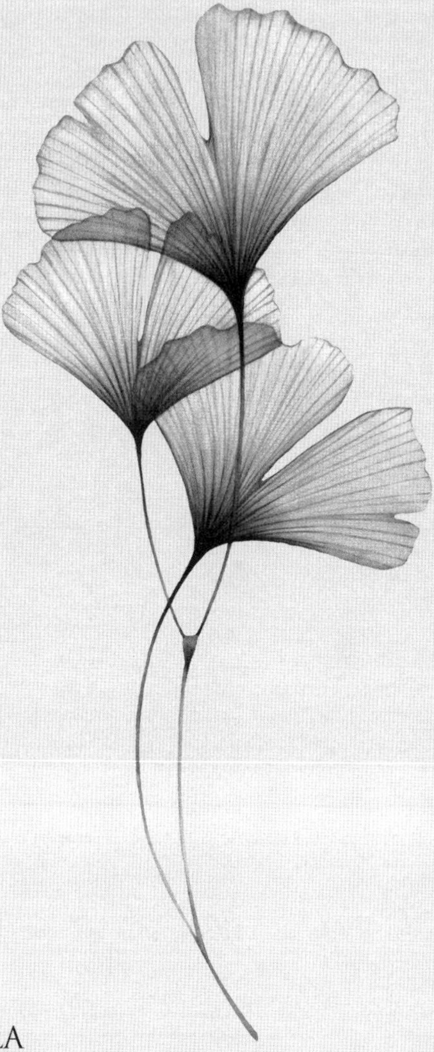

L'ABÉCÉDAIRE DE LA
SAGESSE

les conseils d'un moine,d'un philosophe et d'un psychiatre pour vivre au quotidien

Matthieu Ricard
Christophe André
Alexandre Jollien

前言　智慧是什麼？　015

第一章——思考及看事情的角度

接受　026
事後　028
嚮往　030
絕望　032
浮華　034
業力　035
進步　036
失敗　037
不輕下判斷　038
理想　039
哀悼　040
「好」　041
再犯　042
超脫　043
包容　044
失足　045
樂觀　046
意志主義　047
邪惡　049

第二章——身與心

控制 054
疼痛 055
療癒與放手 057
放手 059
苦難 060
轉瞬即逝 063
考驗 065
疲倦 066
脆弱 067
瘋狂 067
疾病 068
死亡 069
無常 072
我不在乎 074
虛空 075
弱點 076

第三章——各種情緒圖像

對不幸成癮 080
焦躁 082
恐懼 084
不恐懼 085
憤怒 088
憂鬱 090

嫉妒 092
心靈 093
幸福 095
喜悅 096

第四章——行動

起而行 100
第一步 102
改變 103
選擇 105
需求 106
空手而歸 107
動力 108
廣告 109
精神整骨 111
言詞 112
意圖 113

第五章——人際關係

侵略性 116
益友 117
愛 118
照見天真自我 119

不和諧 120
仇恨 122
西部牛仔 123
非暴力 125
困難的人際關係 127
不依附他人 129
聯合診所 130
反芻 131
暴力 133
友善 135
內心廣播電臺 137

第六章——與他人連結

同情 140
同理心 143
信心 145
批評 147
相互依存 148
教育 150
親生命性（熱愛生命） 152
讚嘆 155
生態學 157
環境 160
人工智慧 163
團結 165
公共綠地 167
慈悲 168

自然　169
智力　171
大慈　173
憐憫　174
步行　175
社群媒體　176
覺醒的社會　178

第七章——生活態度與方式

金錢　182
等待　184
無聊　185
嚴肅的心　186
急躁　187
道德　188
不確定性　191
宿命　192
自由（及其陷阱和限制）　193
終極的自由　195
轉念　198
耐心　199
他人的眼光　200
成見　201
嘆息　203
善良　204
不完美　205

第八章——靜心冥想

分心　208
靜心　209
靜心的好處與做法　213
從自我解脫，為他人服務　215
靜心的誤用　218
順其自然　219
精神　220
預設模式　222
當下　223
當前現實　224
「反應」與「回應」　225
猴子　227
神經可塑性　227

第九章——傑出人物與經典智慧

佛陀　232
達賴喇嘛　233
邱陽創巴仁波切　234
智慧的女性　237
力量　239
整體健康　240
艾蒂·希勒桑　242
耶穌　243

中庸之道 244
自由還是智慧？ 245
模範 248
精神的技師 249
尼采 251
哲學 254
智者與精神導師 256
人類歷史上的智者 258
性 260
蘇格拉底 262
金剛經 265
禪 267

第十章——向內探索

自我同理 270
禁欲 271
自我及其解構 273
自我與自尊 276
剔除我執 281
標籤 285
謙卑 286
內在世界 288
自戀 289
不固執 290
沉默 291
暴君 293
內在的溜溜球 294
佛性 296

第十一章——自我覺察與實用建議

混亂 298
・幫助你學會與「混亂」共舞的三項建議 300
意志薄弱 302
・幫助你對抗「意志薄弱」的三項建議 304
依賴 306
・幫助你面對「依賴」的三項建議 310
焦慮 312
・幫助你面對「焦慮」的三項建議 315
罪惡感 317
・幫助你面對「罪惡感」的三項建議 318
情緒 320
・幫助你更恰當管理自己「情緒」的三項建議 323
仁慈 325
・幫助你培養「仁慈」的三項建議 328
無條件的仁慈 329
・幫助你達成「無條件仁慈」的四項建議 331
寬恕 332
・幫助你練習如何「寬恕」的兩項建議 333
一致性 334
・幫助你活出「一致性」的三項建議 338
修心 339
・幫助你進行「修心」的兩項建議 341
內在和平 343
・幫助你達成「內在和平」的四項建議 345

第十二章——身心平衡與實用建議

身體　348
・幫助你找到與「身體」溝通之道的兩項建議　351
衰老　353
・幫助你好好「衰老」的建議　354
斷捨離　355
・幫助你實現「斷捨離」的三項建議　360
努力　362
・幫助你更妥善管理「努力」的四項建議　365
快樂的努力　366
・幫助你學會「快樂的努力」的四項建議　367
傾聽　369
・幫助你更善於「傾聽」的三項建議　372
連結　373
・幫助你建立「連結」的四項建議　375
泰然　377
・幫助你達成「泰然」的四項建議　378
倫理　380
・幫助你針對「倫理」提出最適當問題的建議　385
辨識力　386
・幫助你增進「辨識力」的三項建議　388
後悔　389
・幫助你處理「後悔」的建議　391
利他行為　392
・幫助你增進「利他行為」的四項建議　395

三位智者的推薦書單

六本智慧法寶——馬修 397
我的五本口袋名單，幫助你增進智慧——克里斯多福 400
誠心推薦的七本心靈藥典——亞歷山大 403

若將彩虹裡所有的顏色疊合起來，會產生一種白光；同樣的，若我們能在同情、對自己精神的掌握、內在心靈的自由、生命的喜悅等特質之間達成和諧，由這些特質所散發出的彩色光芒，將匯流為智慧的白光。智慧並不僅是這些特質的加總，而是從這些特質的融合中油然湧現之物。

——馬修．李卡德

〈前言〉
智慧是什麼？

我們三人在此之前出版的兩本書《三個朋友的人生智慧大哉問》及《自由在我》（*À nous la liberté*），相加起來將近一千頁，其中嘗試針對關於生命與人的存在的一系列問題，提出解答。這些問題往往是我們反覆向自己提出的，例如：什麼樣的生命道路值得追求？如何在痛苦中安撫自己？如何將自己從束縛中解放？我們能真心實意的感到快樂嗎？我們該如何幫助他人？

你捧在手中的這本書，是由我們三人的討論與對話中，擷取出的精華，以簡練淺白的文字呈現我們對智慧的看法，再加上從前未曾探討過、而我們現在覺得有所幫助的新元素。

我們選擇在本書中討論親生命性（對生命之愛）、失敗、泰然、讚嘆、耶穌、佛陀、智慧的女性、理想、再犯、成功、衰老等主題。秉持著嘗試全新事物的心情，我們著手創造這本書，試著去定義「智慧」，或至少幫助大家趨近「智慧」。

最後補充一點：我們三人之中沒有一人覺得自己智慧無邊，但至少我們都盡己所能，朝智慧的方向努力！

智慧，是一條歡迎錯誤的路徑——亞歷山大

智慧並無法藉由拼湊敲打來獲得，也不是可以從他人身上撿過來用的半成品；智慧是條道路，通往心靈中最深層、最私密之處，生命的喜悅、平靜與「整體健康」在我們意識到之前，就早已安住於此。在日常生活中，藉由隨手可得的方法，每一個人都能在心靈之海中不懼風浪、跟隨心中的羅盤平穩前進。用詩人魯米的話來說，就是「跟隨心中的呼喚」。若身邊的事物使我們容易機械化的行事、忍不住成為酸腐苦澀的人，我們就該耐心的以每天提醒自己一千次，回歸到這份「呼喚」所標誌的原點。智慧替我們拉出一條地平線，讓我們能真實面對自己生命中的種種情境，而不會被心中所投射出的濃霧所包圍，或者活得像彈珠臺上四處蹦跳的彈珠。

我也經常處於混亂之中，感覺自己正與真實的智慧和靜定背道而馳；但即便感到絕望與恐懼，我依然能看到黑暗中的微光，看到自己的方向。智慧的路途漫長而遙遠，我們必須將自己從囚禁的狀態中釋放，不讓「小我」阻礙自己；我們必須努力實踐，永不止息的向前。

而在這個主題上，尼采為我們提供了寶貴的工具，他提出了「整體健康」這個概念。傳統上，所謂「健康」的理想狀態——精神奕奕、沒有問題——將許多人排除在外，然而「整體健康」的概念卻能包容損害、創傷、矛盾、殘疾、病痛等狀態。真正無上的智慧能在任何木材上燃起火焰，即使是自身的矛盾，都可能將我們導向更大的清明。積少成多、滴水穿石，無論自身有多少脆弱之處，我們都能即知即行，在日常生活瑣事，尤其是在錯誤中，身體力行的學習。

勇敢的迎向智慧，事實上正像是在左右夾擊的危險中，踩著雪橇滑行。首先，因「自我」而起的暴君心態正偷偷窺視著我們，因為每個人或多或少都會有種類似於「迷你川普」的心理狀態，雖然不至於高喊「美國優先」，但往往忍不住認為「自己優先」。這個地球上存在七十億人口，我們心靈的聲音怎麼能只顧著自己大喊大叫，而忽略了把其他七十億人也考慮進去呢？其次，就如海德格所言，因「大家」而起的專制想法也使我們身處危險之中：我讀這本書，因為「大家」都讀這本書；我喜歡這件物品，因為「大家」也都喜歡；我發怒，因為「大家」都發怒。日積月累，我漸漸疏離了自身原有的品味、舉止、言行……

因此，在追求大智慧的路上，我們必須首先專注於當下的階段與發展，專注於此時此刻能牽著我們的手、引領我們走向「無我」的種種引導力量。我們必須開始一種新的生活方式，遠離「私我」所引起的專制想法，以及「從眾」所引起的盲目思維，這就是生命中最重要的事，也是最偉大的挑戰。

就詞源上看，「哲學」一詞是「愛智慧」之意。哲人們以謙遜的態度出發，踏上尋找智慧之路，並且與同道之人相互陪伴，在日常生活中致力於自我的實踐，努力探索自己與世界、與他人的關係，以求能免除種種毀滅式的激情、錯誤的期待、懊悔的情緒。

對古希臘人而言，智慧是由兩種緊密相連的特質所組成的：智（sophia）表示由思索而生的理論思維、智識成就；慧（sophrosynê）則是人生體悟實踐的心得，也就是管理並平抑自己情緒的能力。要為自己的心找到平衡是件微妙又艱難的事情，然而在實踐的過程中可以得到喜悅。

若愛與智慧攜手共舞，就能將我們引導至自由、喜悅、無我的境界。有時我們會錯誤的將智慧與某種令人沮喪的禁欲主義相連，或者認為智慧將使人過上沒有情緒的生活、交出一張平坦無趣的心電圖。這類想法，預先設想人生就像是坐在不舒服的碰碰車裡，或者上下旋轉的雲霄飛車上，卻又固執的不願意洗手下莊。

在我的眼中，人生遠比這種狀態更好——我們可以坐一下碰碰車與雲霄飛車，卻不需要在事後產生懊悔、判斷或摩擦。

選擇走上精神修行的道路，並非意味著要撇除與自己最親密的交流，而是要膽敢走出自我之外、離開我們慣常扮演的角色，卸除武裝，而後深潛到心底最深處。在此我們將學會泅泳，學會在人生的海洋中飄浮，學會跳水。精神修行毋須先決條件，亦不必達到完美，我們何須事事完美才能安度此生呢？

最後必須留意，那些窩在角落的智慧，或是躲在某種精神堡壘裡的幸福，並不值得我們花上大把時間追尋。實踐智慧必須向世界伸出雙手、互相幫助，並且與眾人一起攜手前進。

智慧，是讓我們往幸福靠去的工具——克里斯多福

我不是哲學家，因此我對於智慧的看法難免偏向理想並過於簡化，但智慧對我而言是非常基礎且重要的議題。我很遺憾當代的哲學家們對它的研究不夠深入，他們往往認為智慧只是一種幻想，甚至是種自欺欺人的手段——誰膽敢自稱「有智慧」？就像神學家帕斯卡說的：「一心想成為天使之人，最終只會弄巧成拙成為野獸。」許多當代哲學家認為追求「智慧」在本質上是種虛幻、不切實際的作為，有些人甚至認為智慧能帶給人們的果實並非幸福，而是真理——即使真理使我們痛苦不堪，我們仍應認為真理高過其他一切……

這些說法都可能有其合理性，並能在思想史中找到充分的根據，但我卻覺得這些觀點離我非常遙遠。

相較之下，我更相信智慧具有安慰人心的力量，我相信智慧能幫助我們減少痛

苦，並同時減少我們帶給他人的痛苦。整體而言，如果我們的行為舉止能時時充滿智慧，對於我們自身和他人來說，都會是一件舒心且具有療癒效果的事。對我而言，智慧就像是日常生活的羅盤或ＧＰＳ，能讓我們不必花太多時間逗留在自我中心、懶惰，以及物質主義所造成的有害影響之中。生而為人，我們都應追求這種智慧，它就像一只每天早上會自動歸零的碼表，我們每天清晨醒來，都要對自己說：「雖然昨天晚上我似乎帶著一點點進步進入夢鄉，但自今晨開始，我依然應該永不懈怠的繼續努力，甚至從頭開始努力。」這有點像是逆水行舟、不進則退的意思。如此的精神可以在古希臘哲人身上找到，或在研究上古哲學的當代哲學家身上窺得，但在當代哲學中卻極為罕見。

對於「我們該選擇真理、自由，還是幸福？」這樣的本質性問題，我們可以回答：「歸根究柢，智慧就是能從真理中自由汲取幸福的能力。」讓我們看看這個例子——我的身體不好是種真相（真理），但我對其無能為力，我能做的是告訴自己「雖然身體不好但我還活著，且擁有能談心、分享生活的好朋友」，因此我就將「幸福」從「真相」中汲取出來了。我很能理解哲學家們說「哲學與智慧最初的目的並非使人快樂，快樂只是其副作用」時想表達的意思，但我更傾向於選擇一條在接近真相時，能同時消除幻象，並帶給我們幸福的道路。

智慧，是擁有分析能力、能控制自我——馬修

基本上，智慧由兩個部分組成：合理看待事物的方式，以及內心完整的自由。第一部分來自於對事物正確的理解，如果我們用一種扭曲的觀點看待現實世界，例如認為外在世界永恆不變、由互不相干且固定的種種存在所組成，那麼人生必然充滿了接連不斷的挫折與痛苦，因為這種混淆性的觀點遮蔽了真正的知識，使我們遠離智慧。就像把手放進火焰中，卻暗暗希望不要被灼傷，並在受傷後對於造成燒傷的根源執著不已。相對而言，真正的智慧與現實世界相互契合，使我們能明辨是非，認知到幸福與痛苦背後的原理，也就是說，智慧使我們能跨越現實世界與表象世界之間的鴻溝。

智慧的另一面是控制自我的能力，智者不會以充滿謬誤、困惑、衝動、不和諧的方式行事。控制自我並非擺出一種僵硬、矯揉造作的態度，被教條與戒律捆綁得動彈

不得，事實上，控制自我與自由是同義詞：一位善於掌舵的水手面對狂風暴雨，依然能渡過重洋，讓船隻安穩的靠上港岸；而一位善於控制自我的智者，則能成為自己的主宰，不讓自己被情緒與有害的思想奴役，避免走上痛苦、幻滅，以及其他種種讓人無法獲得成就的負面道路。「控制自我」與「內在平衡」「心靈清明」三者是同時並進的。

因此，智者能中庸行事、合理的權衡事物的利弊，並在做決定時，同時為自己和他人著想；智者不會受到偏見或預判的影響，亦不會將自己心中的期待過度投射於現實；心靈清明的人能明察秋毫的辨別出可以產生良好結果的決定，以及會帶來各種長痛短痛的愚行。因此智者在其所處的社群中，會受到尊重和信賴，其內在心靈的自由會保護他，免受我們其他人在日常生活中所遭受的煩擾，因為智者即使身處不利的狀況中，亦不會輕易動搖，就像一艘龍骨穩健的帆船，不會在風向突變時傾倒翻覆。

在佛教的說法中，我們也將智者的心靈比喻為在風中巍然不動的大山，更重要的是，智者的心靈寬廣無邊，因此凡俗生活的種種利害得失、喜怒哀樂、讚譽毀謗、聲名權力等，在此都顯得微不足道。

第一章

思考及看事情的角度

接受

馬修

我們常常將「接受」與「屈服」兩個概念混淆。在一次與來自北美的大學教授們對談的過程中，我解釋道：「透過靜心訓練自己的心靈，能幫助我們改變對痛苦處境的感知方式，並且使我們更有能力應對人生中種種跌宕起伏。」一席間有人毫不留情的反駁我，認為這種提倡自我適應、抱持「人類會受苦只是因為尚未適應環境」的想法，是極端危險的，難道我們要向受到奴役者、受暴婦女、冤獄的受刑人，以及其他遭受壓迫者說「沒有比靜心更好的解決之道」，讓他們安於現狀，而非鼓勵他們追求正義、終止壓迫嗎？這樣的想法其實來自於誤解。以勇氣與平靜的心面對艱難的情況，事實上是一種減少自己所受痛苦的手段，但此種能力與「屈服」完全無關。透過培養心靈內在的自由，我們能避免自己在面對磨難的同時，額外遭受絕望、憤怒等情緒的襲擊，學會「接受」是為了避免二度受苦。

面對一位為疾病所苦之人，我們當然不能說：「我建議你就接受這份痛苦吧，相信你的生命會自己找到出路的。」我們必須告訴對方，我們會盡一切努力來結束他的痛苦，但如果與此同時，他能在自己心中採取不同的態度，這將對他的處境很有幫助。有時甚至必須讓對方正視，在目前我們對情況無能為力的事實。比起單純的「屈服」，這種「接受」不會阻擋我們望向未來的視野，並能為事情添增正面的色彩。

加拿大作家雷米・特布雷曾經寫過一本動人肺腑的書《河畔的紅椅子》，書中談論他兒子染上毒癮的故事。他解釋道，有一段很長的時間，他努力遮掩自己的痛苦，並因此陷入了一種「希望—等待—失望」的惡性循環。沒有人希望看到自己的孩子受苦，而特布雷在這個過程中慢慢學習到，如何真誠面對自己的痛苦，也就是既不助長痛苦，也不逃避，既不無視痛苦，也不過度反應。時至今日，他可以從容陪伴在孩子身邊並願意敞開心胸傾聽，他形容這樣的陪伴像是「愛的擁抱」，能讓人們彼此更相愛、更平靜，因此更能在面對困難時採取明智且正義的行為。

換句話說，在面對無法改變，或需要長時間努力才能扭轉的困境時，我們應學著去接受，並且抱持開放的心態，用「愛」為事情加上一層可能的自由度。

事後

克里斯多福

生命可以帶給我們許多寶貴的課程，但是我們不一定永遠是個好學生，有時我們需要重修某些課程。當一件令人刻骨銘心的事發生在生命裡，我們是否會在事後給自己一點時間好好思考？我在這裡談論的不是「反芻」——被動且空洞的不斷回想事情發生的種種細節。我談論的是思考，也就是停下腳步，給自己一段時間好好回想，並試圖理解發生了什麼事情，以便能更清楚規畫自己接下來的行動。這是唯一能將生命逆境轉化為生命經驗的途徑，否則這些逆境只會成為生命中的疤痕與創傷。

然而可惜的是，我們往往由於懶惰、害怕或一心想要避免痛苦，於是不願意花時間做這件事情，我們同時也沒有理解到，在我們這個時代的許多負面特質中，其中一項叫作「生活步調的加快」，也就是無論在職場工作或個人休閒上，我們都習慣屈服於經濟學家稱之為「及時」的現象，把最後一點剩下的自由時間都拿來對身邊的一切做出反應，直至壓榨盡每一分每一秒。然而，在事件發生後，學會檢視自己是一件基礎且重要的事情，例如我們剛剛經歷了什麼、做了什麼、說了什麼、聽到什麼？我們現在狀態如何？我們下了什麼樣的判斷？有什麼想法？產生什麼情緒？在事件過後的消化時間裡，這些對於處理衝突、爭執、對立尤其重要；記得不要在事件發生過後立即投入其他的事情，不要一下子就黏到螢幕面前，開始忙工作或是找人抱怨……

我的意思是，不要逃避不舒服的情緒，相反的，我們應該要花一些時間去思考發生在自己身上的事情，觀察這件事讓我們處於什麼狀態，並且設想自己現在能採用的、不帶有衝動性的合適做法。

嚮往

馬修

生命中真正重要的事情是什麼？

我們在內心深處，真正認定為基本且不可或缺的是什麼？

我們的內在世界中，一定有某樣事情給予我們動力、為我們指明方向，並讓我們踏出的每一步都有意義。活著並不僅僅是四處漫遊、隨興所至，或是日復一日，以手頭上能得到的資源拼湊著過生活。活著的首要目標很明顯，就是「活著」本身——在某些時刻或世界上某些地點中，因為面對著戰爭、饑荒、疫病、災難，活著這件事情甚至是絕對的優先事項。然而當我們不再受到立即性的生命威脅時，一切隨因緣不斷流轉，我們永遠無法知道隔日將發生什麼，此時我們必須告訴自己，不能純粹「殺時間」，讓生命白白流逝。

這並不表示每天早晨起床就該立志改變世界，但我們要能規畫如何在生命中持續朝一個方向前行。有些人不喜歡「持續建構自己」這個概念，但日積月累、年復一年，人的確有可能成為更好的自己，更加無私且明澈。我們無法突然之間決定自己要百分之百為他人無私付出，但每個人身上都還有很大的空間，可以持續朝更好的方向進步。

以個人經驗而言，我就常常自問：「快樂是什麼？愉悅感的累積？找到一種深層的滿足感？知道自己的心靈如何運作？學會如何更融洽的與他人相處？」只要固定向自己提出這些問題，二十年之後回過頭來，就會像辛勤勞作的農夫一樣，看向自己田地時充滿了喜悅充實的心情。即使世事不能盡如人意，我們也應該對自己說：「我已在能力範圍內盡我所能，因此沒有遺憾。」

絕望

克里斯多福

面對一個絕望的人，我們該說什麼？

我即使身為治療師，在這種情況下，有時也會感到無所適從，擔心自己無法提供他們需要的幫助。

因此，我想將身邊可信賴的親友對我說的話，傳達給我的病人：

「你現在的心理狀態不見得就是一種異常，你當然可以感到灰心，也可以感到絕望，你甚至可能在這件事上並沒有犯錯或犯蠢。也許今天讓你感到絕望的事情，明天就會自然而然的化解？即使你不這麼覺得，還是值得花點時間，做個深呼吸，不要批判也不要抗拒，跟我重複這句話：『堅持下去，記住不要傷害自己。』

「風水輪流轉，人人都可能因為種種原因灰心喪氣，因此你現在的狀態沒有什麼見不得人，這是人性中很自然的一部分。我們能做的就是盡力而為，為自己做點事，也為他人做點事，即使這些事與眼前情況無關都無妨，別將心神都集中在問題上，讓自己鑽牛角尖。

「如果你感到灰心喪氣或絕望，那很可能是因為你所處的困境，的確令人既灰心喪氣或絕望，並且短時間內你難以看到解決方式。如果有好的解決方案，它會自然而然的浮現；而如果困境終究無法解決，那麼生命中會出現其他事情來改變現狀的。

「無論如何，不要為自己增添更多煩憂，也不要把自己關在狹小的精神空間裡獨自面對問題。想辦法出去走走、活動筋骨、整理家務、慢跑運動；不要獨自一人待著，不見得一定要談論你的困境，但要找個人說說話；去找一位你喜愛的人，對方或許可以改變你的想法，給你一些建議和意見。

「而當你終於走出這段沮喪或絕望的時期後，記得不要馬上就跳到下一個階段。花點時間回顧一下曾經發生的事情，好好坐下來思考，嘗試把這段經歷寫下來。觀察一下，你今天的處境與當時的絕望相距多遠，並試圖了解為什麼自己不再絕望，像是絕望是如何消失的？也許它剛剛轉變成了悲傷，而今天你已不再絕望。試著問問自己，為什麼會陷入這個深淵？你當時處於什麼狀態？你是如何一步一步脫離絕望的？

「記住那些『無來由感到絕望（或幾乎無來由感到絕望）』的時刻，而你最終走出了這種絕境。想想羅馬尼亞旅法哲學家蕭沆所說的話：『人人都是喜劇演員，因此最終都可以在困境中，安然存活。』」

浮華

亞歷山大

古代哲學家們曾談論過「浮華」，那是指一些無法持久讓人們感到滿足的事物，例如他人的認可、榮譽、光耀、無拘無束的享樂、財富等等。

我們不可能在這些事物上找到智慧。

業力

馬修

在西方，佛教的「業力」觀念常常被誤解。業力所指涉的對象是行為，但同時也指行為與其結果之間存在的動態關聯。每一個行為以及其背後的意圖，根據對自己與他人的幸福和痛苦的影響，可以被歸類為善或者惡。想過幸福的生活，卻不放棄有害的行為，就像把手放在火焰上還希望自己不要被燒傷一樣愚蠢。

所有的喜悅和所有的苦難都是邏輯的產物，不可避免的服膺因果律。從本質上而言，業力是一般性因果律的一種展現，善意、中立或惡意動機所導致的行為、言語和思想，各自會帶來其相應的結果。

進步

亞歷山大

古羅馬新斯多噶派的哲學家愛比克泰德，稱自己為「走在解放之路上的奴隸」。即使有可能在路上絆倒、摔得鼻青臉腫，但我仍然會是個「前進者」，一個會站起來並走向自由和喜悅的人。

在嚥下最後一口氣之前，我們都有機會向前邁進，接受生命中到來的種種，即使是不情不願的接受，也會對我們有所幫助。

＊延伸參考關鍵字：快樂的努力（三六六頁）、「好」（四一頁）、失足（四五頁）

失敗

克里斯多福

就像所有人一樣，我喜歡成功多過於失敗，因為相比之下，成功要令人開心多了，既令人有滿足感，又對實際人生有益。不過仔細想想，其實失敗更能讓我沉靜下來思考，讓我重新審視自己，並因此得以進步。

因此，成功和失敗，二者都是我生命中不可或缺的部分。成功的喜悅給予我力量和信心，而失敗的不適，則促使我更加謹慎、更加努力。

不輕下判斷

馬修

我們可以透過兩種方式來判斷他人：絕對的或相對的。以絕對的方式判斷，等於是要做出某種宣告，例如某人從根本上是壞的、沒有仁慈心、總是抱怨、因為這個人就是這樣且絕不可能改變。這種假設性格特徵的判斷看似一錘定音，然而卻與靜心的經驗，以及近二十年來在神經可塑性領域（神經科學的研究發現，我們的大腦在面對新情況，或者在我們進行身體訓練和精神修練時，其構造有可能改變），還有表觀遺傳學（我們的基因都有可能改變）的發現相互矛盾。這些研究證明，只要改變自己對思想、情感、情緒的處理方式，我們的性格最終是有可能改變的。

而相對的判斷僅是就人在「當前條件」下的狀態去判斷，即使某人表現出令人不快的性格特徵和行為，我們也會將影響其個人經驗和生活環境考慮在內。我們不去判斷這個人本身，而是就他當前的心態，以及影響其行為的因素下判斷。如果有人用棍子打你，你不會對棍子生氣，因為你知道在棍子後面有個做出動作的人。讓我們用這個邏輯繼續推理：此人被仇恨所操縱，而仇恨又是由愚昧所致。我們沒有迴避人的行為問題，但是我們為懷抱仇恨和無明的人敞開了同情之門，並且知道對方有朝一日也可能改變自己。

理想

克里斯多福

理想是個美妙同時令人生畏的目標。而理想的存在，並不一定表示我們必須要實現它——若理想是個人進步的動力來源，它就是有益的，但如果它成為貶低、逼迫自己（對掙扎著實現理想的人而言），或批判他人（對狂熱者而言）的藉口時，理想就變得充滿毒性。

對多數人來說，智慧比較像是一種理想，而非日常生活中的現實狀態。正因為它是一種理想，所以才能幫助我們朝著目標邁進，每天努力使自己變得更加明澈而充滿智慧。

哀悼

馬修

我在香港遇到一位女士，那時她剛剛發現年幼的兒子溺斃在家裡的游泳池中。在事發之後的一個小時裡，她告訴自己必須立刻做出選擇，是要讓孩子的死亡毀了她的餘生——因為沒有什麼比失去孩子更令人難過——或是要用具有建設性的方式，繼續她的人生，而她對孩子永恆的愛不會有所減少，她依然能在人生中享受到深刻的滿足。

這就像是一種啟示，降臨於面對兩條人生道路的時分，一條路充滿了無可化解的悲傷，另一條路則充滿了愛。這位母親選擇了後者。

我記得安德魯・所羅門在《正午惡魔：憂鬱症的全面圖像》一書中提到，他母親臨終時警告他：「不要以為讓悲傷摧毀你的生活，會是對我的一種致敬。」

「好」

亞歷山大

讓我們走在對人事物說「好」的道路上，停止進行評論。

這也許就是「實踐」的本質。

*延伸參考關鍵字：接受（二一六頁）

再犯

克里斯多福

人生常常如此：我們認為自己已經進步了、成功了，突然間一陣砰砰碰碰，世界再度崩潰，舊事重演。有一段時間裡，我們以為自己已經變得更聰明，面對矛盾時更加寬容，面對逆境時更加冷靜，面對困難時更加清醒，然後生命裡突然出現一件特別棘手的問題、冒出前所未見的障礙，或我們不巧正處於一個脆弱的時刻，因此又再度陷入從前的矛盾、犯下曾經犯過的錯誤、重新採取種種不良的反應。此時，我們內疚的看到自己犯了錯，看到自己可悲的退步。

事實上，如果有人在生命中一直是採取直線發展，從未有過挫折，犯過的錯絕對不會再犯，請與我連絡，我很期待見到我人生中認識的第一個「直線前進」的人——就像在高山上行走，而一整天下來從未絆倒過一樣。這意味著這個人從來沒有抬起頭看看風景，從未想過任何事情，也沒有讓自己的思緒徘徊，並且為正在體驗此時此刻而歡欣鼓舞。這種盲目的攀登與垂降只有一個目標：不要絆倒。然而，過程中的其他一切都被錯過了。因此，也許「再犯」對我們而言還有一個啟示，那就是：對智慧的追求，不應讓我們錯過世界的種種風景。

＊延伸參考關鍵字：進步（三六頁）、失足（四五頁）

超脫

馬修

譯自藏語詞彙的「超脫」，指的是自己擺脫輪迴的堅定決心。

在人生中的某一時刻，人們再也無法忍受苦難及其成因。

當一隻鳥從籠子中逃脫時，不能說牠「放棄」了這個籠子，實際上，牠「超脫」

了它，至於籠子是鐵製的還是金子做成的，都不會改變這個事實。

包容

馬修

按照情況的不同，「包容」可以是具有建設性的向外開放，但也可能是有害的被動退縮。精神科醫師會「包容」一個瘋子而不是毆打他，因為醫生的任務是治癒這個瘋子。但是沒有人應該被迫接受「過分而不可接受」的事情，包容不應該變質為對不公不義、歧視、暴力的縱容態度。

開放性的包容會跟隨著一份鎮定，讓我們接受現實，把現實當做變化的起點，朝向理想前進。如果我們可以保持不被激情的漩渦所吞噬，那麼面對事情時，就更能冷靜考慮最佳的行動方案。

失足

亞歷山大

精神修練的行程與一般經過規畫的旅行不同，我們在精神修練的路途上，可能會忘記路線、弄丟指南與說明書等等，而此時，日常生活就會邀請我們進行即興創作、開啟新道路、嘗試新作法、用手邊可行的方式繼續向前邁進。

修行者前進時有可能撞得鼻青臉腫，也有可能走進岔路，跌跌撞撞，灰心喪氣。其中真正的挑戰是什麼？真正重要的是什麼？讓我們堅持到底，並且花點時間用沉思的方式觀察自己，不要讓自己被內心的混戰所干擾，辨別那些扼住我們喉嚨的力量，以及衝進心裡的種種混亂，讓自己的內心成為遊戲場，成為一所生命的學校。

＊延伸參考關鍵字：進步（三六頁）、再犯（四二頁）

樂觀

克里斯多福

樂觀並不是兩手一攤、守株待兔，而是一種積極的態度：不僅希望最好的事情發生，還要致力於實現這一目標。

在我看來，智慧應促使我們朝著樂觀的方向前進，應幫助我們看到悲觀主義者看到的障礙與困難，但也使我們能透過樂觀主義標誌性的「敞開心胸」這一特質，從而看到能為我們提供幫助的資源、解決方案以及可能性。

當我發現自己難以變得樂觀時，我很容易想到納粹集中營倖存者、同時也是作家的普利摩．李維的一句話——其中帶有滿滿的智慧且沒有絲毫仇恨——「我無法解釋，居住在我軀殼中的這個人，心中為何依然對未來抱有信心，我想可能是因為這份信心是不理性的，而絕望本身就不是理性的：它無法解決任何問題，甚至會生出新的問題，並且絕望本身就是一種苦難。」

如果無法做到樂觀，讓我們至少要努力避免悲觀！

＊延伸參考關鍵字：幸福（九五頁）、神經可塑性（一二七頁）

意志主義

亞歷山大

我們遲早都可能面臨意志主義的危險：我們相信世間一切都取決於自己，並相信意志和理性至高無上。我曾經短暫參與過安寧醫療的服務，並在其中發現了一件很不公平的事：事實上，只有意志力是不夠的。一些病人可能已經培養出了強大的堅強意志，並且充滿非常多的精神能量，最後卻還是被疾病給帶走。有些病人則相對幸運一些。困難的事情在於，我們在讚揚「修心」能對我們的情緒、健康乃至免疫系統產生巨大影響的同時，也要記住一切並非完全取決於自己。

我一直很小心，避免站在道德制高點對他人指手畫腳。淡化苦難，並譴責無法擺脫苦難的人，這是一種極不人道的行為。有一次我在牙醫診所，不禁嘲笑了自己一番，因為牙醫警告我：「千萬不要亂動！不然一定會弄得很糟糕。」這有點像我們對孩子說：「趕快乖乖去睡覺！」由於我的肢體殘障，我越是努力控制自己的動作，身體就越是反抗、緊張和不由自主的抽動。在這種緊急的情況下，我敢放棄控制嗎？在那把該死的牙科躺椅上，我把醫師的話轉換了一下，對自己保證：「你可以愛怎麼動就怎麼動，不要去控制身體，甚至不要想著放鬆。」而奇蹟發生了，我的身體完全靜止了下來。同理可證，對身處苦難之中的人大喊「醒醒呀」「動起來吧」是沒有用的，不僅不符合人性，還容易適得其反。

對於每天遭受肉體折磨或內心痛苦的人來說，生活的藝術非常重要，可以防止我們面臨的問題成為生活的重心。我同意叔本華所說的，不再痛苦，並不等於我就能泅泳於幸福之中。往往，當我竭盡所能擺脫痛苦，而喘息的時刻終於來臨時，我並不因此感到高興或快樂。因為不斷期待著未來，我竟然忘記了手邊就有千百件禮物……因此，「修心」對我而言，是練習喚醒自己內心深處的感激之情，將見到的每一抹微笑都視為獨特的事物，珍惜眼前的菜餚，抬頭看看天空。簡單來說，就是請對生命給予我們的事物敞開心胸。

日復一日的承擔自己的創傷，就像是跑一場馬拉松，而非短跑衝刺，而且我們總是難免精疲力竭。因此我們必須非常警惕，別讓自己變得尖酸刻薄。

邪惡

馬修

正如心理學家羅伊·鮑梅斯特在他的《邪惡》一書中所說，絕對的邪惡只存在於神話故事中。那些進行復仇的人堅定不移的相信，以暴力反擊回應自己曾受的傷害，在道德上是「合理」的。有許多犯下不可饒恕暴行的人，也堅信自己是在抵禦邪惡力量、保衛自己。無論他們對現實的解釋多麼畸型，都只是顯示了這些人行為背後的動機，並不是單純的為作惡而作惡。

以佛學的觀點來看，世上沒有絕對邪惡的事情，因為就算是作惡多端的人，內心深處都具有「佛性」，就像掉落在泥漿中的金塊一樣，本質也永遠不會被改變。

那些陷入暴力之中的人，往往聲稱他們的行為是正當的，其權利受到侵犯；無論他們的敘述是否對現實有嚴重歪曲，如果我們要防止進一步爆發暴力，就只能從這些人的動機著手。亞歷山大曾引述史賓諾莎的話：「不要嘲笑、不要哭泣、不要仇恨，而要了解。」「了解」是我們該做的第一件事。負責審訊二〇一一年於挪威犯下大規模殺人案凶手安德斯．布雷維克的警官主張，「積極傾聽他的說法」：必須要問罪犯如何解釋自己曾做出的行為。為了防止邪惡再起，重要的是了解它最初發生的原因，和可能會發生的方式。

如果我們認真探討種族滅絕發生的原因，我們會發現這些慘劇幾乎總是從針對特定群體的妖魔化、非人化和非個體化開始，讓人們認為這個群體裡的人不再是像你和我一樣的人，一樣擁有家庭、歡樂和悲傷。他們只是名冊上的一則則資料而已。種族滅絕者甚至還會藉由將謀殺轉變為一種義務，或一項公共安全行為，使大眾對加諸在被滅絕者身上的痛苦麻木不仁。這就是歷史中，人們如何一點一滴犯下從前被認為不可思議的罪行。

透過類似的過程，我們也將動物認定為可消費物，並根據自己的需求處置牠們。地球上每兩個月就有一千億隻動物被殺害，而這一切就像是沒有發生一樣——所有的暴行都不是來自絕對的「邪惡」，而是來自對我們這個世界上共存的八百萬種物種的無知和不仁。

第二章

身與心

控制

亞歷山大

在修養精神生活的場域中，我們首先必須接受一件事，就是自己也可能會失去控制。

《舊約聖經》詩歌智慧書的第四卷《傳道書》給了我很大的幫助，讓我體認到在混亂、沒有希望的狀態下，更應盡力去尋找和平。我很喜歡這本基督教經典常常在章節末尾複述著名的格言：「虛空的虛空，凡事都是虛空，都是捕風。」這句話使我遠離許多人生中的幻象，並且提醒我不要相信自己能完全控制人生。或早或晚，一切皆會毀壞傾圮，最後萬法皆空。

在發現到世間萬物皆脆弱之後，我感覺到一種解放，因為我終於能放棄所謂的穩定性與堅固性，學會在無常中泅泳前行。

如果我不計一切的尋找堅實而永恆不變的立足之處，我只會一再失望而已，佛陀啟示我們的第一個真理就是「萬般皆苦、萬法無常」，我不是西藏學專家，也不是梵文學家，但就像詠給．明就仁波切在《你是幸運的》一書中所提到的，我們可以把佛陀的啟示，簡單翻譯成「人生好難」——經驗告訴我們，即使我們處在心靈最純粹平靜的狀態下，生活中總還是會遇到出包的時候。就像法國作家貝爾納．康朋所說的：「人生好難，但還是要讓它很好玩。」

練習靜心，並不是從世界裡抽身，而是要學會與一切共存，在種種不順利之中依然心存平靜。

疼痛

克里斯多福

疼痛是生物、器質性或是存在層面的痛苦，例如蛀牙是由於生物層面的改變，進而導致陣陣惱人的疼痛。有時候也可能因為某些事件而產生肉體上的疼痛，例如失去孩子、朋友或親人。

總之，在我們受傷時，疼痛的感受是無比真實的。而「痛苦」指的是疼痛對我們的心理狀態、對我們之於世界的觀照所造成的衝擊。以耳鳴為例，這種在耳朵裡嗡嗡響的聲音，造成的是一種很微小的疼痛（因為還有其他更嚴重的疾病），但是這種小小的疼痛，卻能讓我們感到大大的痛苦，因為這個干擾會對我們的精神造成衝擊、占據整個心神，有時甚至必須尋求心理醫師的協助。

我無法單純只靠言語就讓病人感受到的疼痛消失——有時他們需要藥物、時間去治療，就像哀悼需要時間一樣——但我可以幫助他們了解精神上的痛苦，並且利用心理治療或靜心等方法，讓他們減輕痛苦。

＊延伸參考關鍵字：療癒與放手（五七頁）、放手（五九頁）、苦難（六〇頁）

療癒與放手

克里斯多福

療癒指的是疾病的消失。有時，疾病會隨著時間的流逝而痊癒，但更多的時候，我們需要得到治療。在精神疾病的治療過程中，病人自身的努力是絕對必要的，然而精神疾病本身的特質，卻可能會使這些努力變得困難，使病人有時會覺得自己像是要飛躍進入未知的世界一樣。

以焦慮的例子而言，若要擺脫焦慮，在某種程度上必須帶著信念。當我正遭受毀滅性的恐懼時，常常難以相信治療師的建議（「面對你的恐懼」）或藏傳佛教上師所說的話（「你的恐懼不存在」）！但是在這樣的情況下，我依然必須一直努力，試著遵循他們的建議，因為這是一條由這些大師學者們，經過科學方法所驗證的途徑。對焦慮症患者來說，只要能不再相信自己的恐懼、不再堅持自己的看法、不再認為自己或孩子處於危險狀態中，或者不再堅持相信自己的憂慮，就可以找到治癒自己的決定性的關鍵時刻。

在這些時刻，病人會自我反省：「我可能想錯了，迷失在自己的恐懼中，被害怕蒙蔽了目光，成為了恐懼的奴隸。我知道這樣行不通，因此似乎值得試試看，放開我那些堅如磐石的負面想法，將自己放在虛空中，抓住治療師對我伸出的雙手，聽取對方的建議，嘗試對方的方法。」

在拉丁文中，「誠信」一詞同時意味著「信任」和「信仰」。這就是為什麼許多焦慮的人，很難在看不見前路、沒有得到保證或沒有治療師陪伴的情況下，去冒險嘗試走出來。他們在心中不斷告訴自己：「不！那邊有危險，不要冒進，不要過去！」而建議只有來自信任的人才會有效。看到許多人能被我們的書以遠距離的方式所幫助，即使他們從未見過我們，也沒有聽過我們的聲音，實在很令人驚訝。這不僅是因為我們寫的東西合理且有用，更是因為他們藉著閱讀，在內心建立起了與我們的信任關係。

放手

克里斯多福

這是個大眾心理學的概念、來自於民間的智慧。由於我出身庶民階級，因此很喜歡民間的智慧和大眾的心理學，因為「簡單」和「實用」兩種特質在其中得到了很好的平衡。「簡單」並不代表錯誤或簡化。

事實上，「放手」意味著我們必須在生活中的某些時候，放棄或至少暫時放棄為獲得或保持對局勢的控制、為實現目標而進行的種種努力。「放手」的重點在於知道如何放棄——如果我們覺得自己不會成功（從事知識型的工作時缺乏靈感），或者我們的做法會傷害別人（在與擁有不良信念、狀態不好的朋友討論時），我們可以讓自己暫時放下，調整並休息，以便看得更清楚，或爭取改變策略的時間。從這個意義上來說，「放手」是頑固最好的解藥。

但是「放手」只有在有手可放的情況下才是有意義的。當我們已經採取了某項行動、進行了某些討論、獲得了某些成果（或可能獲得成果）時，才適合談放手。否則這不會是真正的「放手」，而是「擺爛」。

苦難

馬修

「苦難」這個詞，被認為涵蓋了所有不帶希望的精神狀態。苦難的起點可以是身體上的疼痛或精神狀態的異常，例如困擾、恐懼及任何其他我們希望其消失的感覺。苦難可能是短暫的，就像某些頭痛一樣，它也可能是長期的，例如絕望、生命失去意義或深沉的不幸。為什麼人們竟然會有感受痛苦這樣的能力？從進化的角度來看，苦難可以促進生存：身體上的疼痛是一個警告信號，顯示某些事物威脅到我們的身體完整性，而那些對疼痛不敏感的人往往有死亡的危險，例如四肢麻木的痲瘋病人繼續使用殘肢行走，這會使他們的身體進一步惡化，而其他人可能會在痛覺不敏感的情況下，嚴重燒傷自己。精神痛苦也是內在的警告信號，提醒我們需要做一些能使自己恢復理智的事情。

佛家思想清楚說明了這一點：苦難可以在許多層面上表現出來，它不僅限於看起來不愉快的事物，例如劇烈的身體疼痛，或在我們生活中爆發的悲劇性事件，它具有更多微妙的層面，有些甚至不是即時感覺的領域。例如，由於愉悅或快樂是短暫存在且變化無常的，因此我們有了「無常的苦難」。如果我們美麗、健康，並且生命中的一切都發展良好，我們不免會下意識的認為，這種情況會一直持續下去，而這種對固定狀態的依戀，不可避免的將成為痛苦的起點，因為即使我們不以為意，但生命中一切都會不斷變化。我的一位精神導師更直率表達了這個真理：「通常人們所說的幸福，我們稱之為痛苦。」

佛家還談到了另一種苦難，比「無常之苦」更令人難以察覺。有時我們會有一種隱約的直覺：即使擁有了會令人快樂的一切，我好像還是不能完全滿意。這就是潛在的苦難，根源於我們對現實的扭曲理解，在佛家的觀點看來，這種對現實的誤解正是

「無明」的定義之一：如果人們認為事物持續存在，並且事物本身是令人想望或不受歡迎的，美麗的或醜陋的，有益的或有害的，那麼我們的判斷就會與現實脫節，帶來的後果只能是永遠的不滿足。在心中，觀念與現實之間有一道稱為「無明」的鴻溝，在我們消除這道鴻溝之前，註定要遭受苦難。

當佛陀教導我們「四聖諦」中的第一諦「苦諦」時，目的不在於讓受眾沉陷在對生命悲觀的看法中，而是意識到自己的身心不安。接著，佛陀就像一位好醫生一樣，解釋了這個身心不安的原因，這就是第二諦「集諦」，集是有關痛苦的原因，也就是無明和「貪、嗔、痴」這三毒。然後，佛陀指出，除非人們可以開始解放自己，否則光是了解這些原因是沒有用的。就如達賴喇嘛所說：「帶著一瓶啤酒，去坐在海灘上，重點是別想著你的痛苦。」但就像所有事物一樣，痛苦的根源是不持久的，這意味著我們可以甩開它，因此，第三諦「滅諦」強調苦難不是無法除去，也不是偶然而來或基於神聖意志，而是來自一種根本的錯誤。然而這個錯誤並不具真實性，只是缺乏真理。我們只須意識到真理，就能讓這個錯誤消失不見，就好像我們只要點亮燈，就能照亮陰暗的洞穴一樣，即使這洞穴千百年來都處於黑暗中。如果可以消除苦難的根源，那麼下一步就是採取措施，而這就是第四諦「道諦」，它指明了一條從無明到有知、從奴隸到自由、從苦難到幸福的道路。

轉瞬即逝

亞歷山大

我們常常忘記掙扎與衝突其實是轉瞬即逝的。在我看來，面對最糟糕的事時，我們容易忘記「一切都會過去」——無論是落在我們頭上的瓷磚、充滿激情的碰撞、對靈魂的折磨，這一切都會過去。

在人生中，災難往往接踵而至，而當我們身處於混亂與動盪之中，很難去相信負面情緒不會吞噬並擊垮我們，因此，精神上的崩潰會隨之而來，像是「我的人生搞砸了」「我的生命到此結束」「靠我的力量做不到的」「這種掙扎真是太累人了」。在意志薄弱、瀕臨崩潰的時候，要記住一切都是暫時且無常的，我們可以學會放手，讓自己漂浮起來，迎接人生的亂流。

馬修的一位朋友，在這條道路上為我提供了很多幫助。我們當時剛從韓國回來，正忙著搬家，當我忍不住自找麻煩時，她會對我說：「對，一切很混亂，但沒有關係的。」從那以後，這句話成了我的口頭禪。

當我在一片混亂中試圖前進時，我會告訴自己「事情確實是一團糟，但不一定是個悲劇」，因為「心靈」是個容易自找麻煩的機器，往往有擴大事情的傾向。在避免盲目樂觀的情況下，我們可以觀察到，苦難可以分為兩種層次，我在此大膽的將其分類為「生存的悲劇」，例如疾病、地震、殘障、死亡、孤獨；以及由自我所捏造的種種「假想悲劇」。幸好，我們可以逐步消滅心中的這些惡獸，漸漸使它們煙消雲散，並且學會不讓寄居在我們內心的悲劇預言家掌控我們的生活。

*延伸參考關鍵字：無常（七二頁）

考驗

亞歷山大

苦難本身不會增長，使其增長的是我們應對的方式。

我知道我有時太快把人生中所面對的試煉給合理化，這麼做等於是忘記痛苦可能會使人心變質，甚至崩潰。以我自己的經驗來說，體弱多病不僅僅是負擔，也可以做為一個很好的人生試煉。如果我認為肉體上的試煉難以忍受，我其實可以馬上對自己開一槍，尋求解脫，但我寧願將其視為可能通往智慧的道路。

事實上，我不必全盤接受自己生來就有的障礙，以及其帶來的痛苦，但我可以在某些日子裡，發現自己仍有機會變得更加快樂和自由。而這個過程中，我可以清楚看到，若是沒有精神上的練習與實踐，這條路我會走得很辛苦。

天生的殘障使我迫切需要轉換心態，並且在自己的內心深處找到避難所，遠離他人可能加諸在我身上的標籤，且不去在意自己的外表，才能每天鼓起勇氣踏進校門。

疲倦

克里斯多福

當身體處於健康狀態時——睡眠品質良好，肚子吃飽，並且不受肉體上的苦痛干擾——我們更容易做出明智的決定。因此，舒適平靜的身體有助於智慧的達成。

正念靜心可以幫助我們了解、尊重和愛護自己的身體。舉個具體的例子來說，血糖數值之類的細節，對我們某些能力會有重要的影響，例如決策、耐心、毅力、衝動等等。

有些天賦異稟的人，即使在最惡劣的物質條件下，也可能維持心靈的明智。而像我一樣天賦較弱的人，則需要一點身體上的安寧，以成就心靈的清明。

我們要知道，在某些物質匱乏、遭受苦難或罹患疾病的時刻裡，身體會干擾我們的智慧，而不是幫助智慧的達成。

脆弱

亞歷山大

在看到一切都很脆弱時，我感到一種解脫，因為我終於可以理直氣壯的放棄追求穩定與堅實，而去學習在無常之中快樂泅泳。

瘋狂

克里斯多福

在我四十年的精神科醫師職涯中，我從未見過真正瘋狂的人，我只見到受苦的人。這些病患所承受的痛苦如此之強烈，以致逼迫他們在生命中採取了對自己和親人有害的做法。

苦難使人遠離智慧，因為苦難使我們將目光放在自己身上，不停檢視哪裡出錯了。苦難也使人遠離了清醒、開放的心胸和傾聽他人的能力。

在生活中我們可以放鬆、大笑，甚至「玩瘋了」，這並不妨礙我們在其他時候保持明智。

疾病

克里斯多福

在醫學上，我們經常使用與戰爭相關的詞彙來表達，例如「與疾病作戰」「對癌症宣戰」等等，我對這種言論以及其背後的意涵，總是感到非常不自在。在我看來，這種言論使我們遠離了許多真相：疾病並不是敵人或競爭對手，疾病是一種失衡，是表示維持我們體內健康的微妙機制受到了改變（健康是種可喜的奇蹟，就像生命一樣！）。

我認為，照顧好自己、平息自己的恐懼或憤怒、為自己內心的平靜努力，這會比對想像中的敵人發動高壓戰爭要更加有效。

＊延伸參考關鍵字：療癒與放手（五七頁）、放手（五九頁）

死亡

亞歷山大

在很長一段時間裡，死亡讓我感到恐懼，甚至是只要一看到靈車，我就覺得渾身不對勁。但是命運給了我一個在葬儀社工作的朋友，因此使我的問題得到一些改善。

我曾經花上好幾個小時，聽這位朋友談論他的工作，而在這個過程中，我幾乎是不由自主的，在心中一點一滴誕生信心。然後我再往前邁進一步，近距離的陪他工作，他的溫柔以及對生命的信念，使我擺脫了許多恐懼和憂慮。在太平間裡，我看著他用無限的溫柔照顧著已往生的男男女女、某人的父親和某人的母親。起初我很驚訝，他在接觸死者時竟然沒有戴上手套，而他的話改變了我的想法：「一個小時前，這位女士還躺在她丈夫的懷裡，為什麼我現在碰她卻要戴上手套呢？」我的這位朋友喬阿金，在我意想不到的地方，向我展示了生命的美好，而我看著那位女士齒牙脫落的嘴，想像她剛剛還說著溫柔的話語。置身於這些棺材之間，終於理解到：我們的身體中蘊藏著奇蹟。我從殯儀館離開時，心中充滿了意想不到的希望，終於意識到身體不是累贅，而是覺醒的工具，我從今以後的任務就是在自己的身體中，好好享受生命。

我常常聽到這樣的呼喚：生命中沒有時間可以浪費，必須好好修行。喬阿金向我講述了一位女服務生的故事，她在為顧客上菜時，心臟病發去世了。生命的無常往往使我既恐懼又驚嘆，我想像這個年輕的女孩早上起床，出門上班，她一定沒有想到自己會在那天突然過世。生命真是脆弱，因此每時每刻都是一件禮物，而我們必須好好欣賞與珍惜。讓我們加快腳步改變自己，使自己更加無私、更加慷慨！

柏拉圖在《斐多篇》中提到，實踐哲學就是實踐死亡。在他看來，人若要進步就必須與肉體、與激情分離，解放自己，使自己從束縛和牢籠中擺脫。在這種觀點下，身體是一種累贅、是一個障礙，我們唯一能做的事就是擺脫它。這或許也就是為什麼在希臘語中，「身體」（sôma）一詞與「墳墓」（sêma）非常接近。對自己生命的終點，和對無常進行反思並不可悲，事實恰恰相反，對死亡以及生命中種種變化的體驗，正是讓我們能專注於當下的關鍵。

然而，我們的心靈卻因為不安而咬緊牙關，把雙手掐得滿是指甲印。當一切都只不過是過眼雲煙時，我們的心靈總忍不住想緊抓在堅實的事物上，尋求一種安全感和一種穩定，因此才產生了一系列的苦難、對死亡的恆久警報、對生命的永不滿足。

無常

馬修

無常展現在萬事萬物之中——宇宙中的任何事物，在下一個瞬間都不會與前一個瞬間相同。

在佛陀的所有教誨中，昭示著「萬物無常」的言語就像是大象在森林中留下的腳印一樣，巨大且不可忽視。事實上，對死亡和無常的反思具有強大的力量，能使我們轉向精神上的修持，並促使我們發現生命的精髓，而不是將時間浪費在瑣碎的事物上。

頂果欽哲仁波切講述了一位生活在二十世紀初的智者的故事：一位瑜伽大師與一位名叫阿普的女子結婚，兩人感情甚篤。瑜伽大師有時會說：「如果阿普不在了，我大概也不會繼續留在世上。」有一天，阿普在瑜伽大師遠行時去世了，當他返家後，他的門徒不敢告訴他這個壞消息。在遲疑良久後，門徒們鼓起勇氣對大師說：「我們有一個壞消息要讓您知道：阿普去世了。」瑜伽大師帶著某種憐憫看著門徒，然後對他們說：「你們為什麼看上去如喪考妣？你們難道尚未理解，我經常和你們談到的人類之脆弱與世間的無常嗎？」對現實有充分的理解與意識，是在意外發生時不會感到震驚的最佳方法。

如果有任何存在物，在連續的瞬間中都保持相同的狀態，那就意味著它擺脫了無常，也就是說，它將永遠停留於這種狀態，不再前進。堅決認為自我、親人和自己的所有物都應該保持恆久不變，並且認為這些人事物真正「屬於我們」，其實是一種對現實的扭曲，也會因此造成各種痛苦。即使我們不想放棄我們的所有物，甚至不想放棄我們的生命，他們也會反過來放棄我們。

＊延伸參考關鍵字：轉瞬即逝（六二三頁）、控制（五四頁）

我不在乎

亞歷山大

我遇過一位腸胃科醫師，她在進行徹底檢查之後，向我保證我一點問題也沒有，並且給了我一個寶貴的建議：「假想你自己新增了一個名為『我不在乎』的資料夾，每當你開始擔心焦慮時，請立即將這些憂慮放入資料夾中。」這位偉大的醫師不僅在醫學上竭盡所能的發現疾病，而且還順帶消除了病人的所有焦慮。她沒有漠視我的恐懼，也沒有急急提出籠統的「身心症」概念來解釋我的不適，而她的做法確實對我有所幫助。

讓我們試著聽從她的建議，新增一個「我不在乎」資料夾，來消除所有不必要的麻煩。請注意，這個練習應該以現在式和第一人稱進行，也就是只在自己身上實施，因為將其強加於焦慮症患者身上，將是無效且殘酷的。

能耐心面對自己，意味著我們將逐漸發現對生活的信心，而當自己在這條路上跌跌撞撞的前進時，益友會在兩旁支持著我們。

虛空

亞歷山大

我藉由《舊約聖經・傳道書》裡的一段經文，來幫助自己修練。這段文字雖然帶有悲觀的氣氛，但是替我們推倒一切虛象，並一一破除了我們的幻覺。我經常重複這句著名的話：「虛空的虛空，凡事都是虛空。」

意識到這個世界上的一切都是不穩定且脆弱的，能幫助我們走向更深沉的自由，同時可以治癒我們的靈魂，讓我們不要輕易妥協，即使在混亂中也能找到平靜。一切都會過去的，但不幸的是，我不知道該如何放手，緊緊抓著不放，使自己一直受苦……說到底，《傳道書》甚至還讓我不會再想著要「治療」自己，因為它替我一層層揭開幻覺和錯誤的期望，為我打開了一扇寧靜之門——自此抗爭結束了，最終帶來了和平。

＊延伸參考關鍵字：無常（七二頁）、順其自然（二一九頁）

弱點

亞歷山大

如何接受自己的混亂、受傷、失誤，尤其是當這些事情似乎變成了習慣，不斷的反覆出現？若是無法健康坦率的接受它們，就無法釋放自己，朝著尼采所謂的「整體健康」邁進。「接受」並不意味著在現實生活中為自己貼上標籤，且做出「貼標籤」這種行為並非自我所願，而是因為我們的心靈沒有得到滿足，進而對自己的行為感到拒絕和厭煩。我們是否天生就註定要厭惡或嫌棄這個世界？在餐廳裡仔細看完菜單之後，我隨性點了一個披薩，而鄰桌客人選擇了美味的焗烤馬鈴薯。突然之間，我產生了一種對焗烤馬鈴薯的渴望，好想把別人的盤子偷過來。

我們的心靈永遠不會對自己現有的條件感到滿足。但，若是強力要求這個「自我」接納無常、生命的起伏和脆弱，在某種程度上會形成一種對自己的暴力。記住，強摘的果子不甜，充滿拒絕的起始永遠不可能導向充滿喜悅的同意。尼采在《善惡的彼岸》一書中談到了「心靈花崗岩」：我們內心深處充滿著如花崗岩般堅硬的恐懼、痛苦、創傷、脆弱，這些花崗岩抗拒我們所有的努力，並似乎戰勝了我們。我身上帶有非常多的慣性力量，持續反對變化與轉換。尼采所提出的「整體健康」概念，是一條必須一寸一寸往前推進的道路，我們需要信心與耐心，這兩者可以幫我們遠離想要屈服的欲望，並提供我們一對前進的翅膀，以及炸掉花崗岩的炸藥！

＊延伸參考關鍵字：混亂（二九八頁）、脆弱（六七頁）、整體健康（二四〇頁）、「好」（四一頁）

第三章

各種情緒圖像

對不幸成癮

亞歷山大

如果焦慮使我的生活陷入膠著，我有時會意外的察覺到，日常生活中的喜悅與驚奇都變得平淡無味，就像缺少能促使我前進的腎上腺素一樣。這種狀況真是太悲慘了。這種類型的困境能將人擊垮、使人枯槁，但是至少我在對抗這種情緒時，知道自己每天早上為了什麼起床。

尼采在他的《歡愉的智慧》一書中寫道：「我在痛苦中聽到船長大喊『升帆！』，而『人類』這個勇敢無畏的水手，必定已經練習過千百次不同的啟航方式，否則他將會太早動作，而被海上的大浪捲走。」然而當困境結束、日常生活的磨礪與瑣事重現時，我們竟然會感到不習慣與空虛，這甚至可說是一種「對不幸的上癮」，好像必須要受苦受難才能感覺到自己活著一般。

我們與情緒的關係，可說是模糊不清的，有時我們會因為情緒豐沛而受苦，或因為情緒衝動而失去分寸，這些狀況容易使人誤認：人依憑著情緒的波動而存在，靜坐修行等方式則會將我們的情緒閹割。

最初讓我對哲學感興趣的是其使人「脫凡」的著名能力，也就是說，「哲學」能使人擺脫靈魂所帶給我們的種種麻煩與困擾。時至今日我清楚知道，自己可能一輩子都擺脫不了這千百種心靈煩憂，幸而我學會了靜坐，因此每天都有奇蹟發生，我甚至學會了對自己的焦慮一笑置之，不再對自己的恐懼感到恐懼。

其中有一項練習對我幫助很大：深入恐懼、焦慮、憂鬱所不能到達的意識深處——無論男女，在此處都有一塊清淨未受傷害的寶地，沒有任何創傷能使其感到困擾。

我們可以把意識比喻為某種超大型的燉鍋，其中五味雜陳，有鷹嘴豆、萵苣、紅蘿蔔這些能讓我們神清氣爽的食材，也有像洋蔥這樣使人傷心落淚之物，而身處不幸之中的自我只嚐到了洋蔥的味道，無暇顧及其他。我們可以把意識當做這樣一個燉鍋，能消化千百種情緒，卻不會將其轉化為憤怒或痛苦，因為憤怒與痛苦只是人生百味中的其中兩種而已。

＊延伸參考關鍵字：依賴（二〇六頁）

焦躁

亞歷山大

在我人生中一段特別難熬的焦慮時期，馬修有一天邀請我好好定靜下來，思考恐懼的本質、恐懼展現出的形貌，以及其邏輯上的一致性。

我原本以為恐懼應該像是山崩後的土石流，能將沿途一切摧毀殆盡，或是像某種凶猛且無可抵禦的森林大火，把我心靈裡每一個角落的樹木都燃燒殆盡。事實上，在正視自己內心之後，我才看清恐懼與困惑，純粹就是我們的心靈製造出的產品。我們應練習著去體驗這件事——我們的意識，永遠都比心裡使人不舒服的那些疙瘩要寬廣。事實上，自我意識將這麼多的精力花在擔憂著威脅、可能發生的失誤、可能降臨的厄運等等，其實是件很瘋狂的事。我們應轉換視角，用充滿感激但不天真的態度，享受生命中發生的好事、我們所愛的人、我們的孩子與朋友，避免將視線放在那些會影響我們休憩、輕盈與安寧的事情之上。

基本上，我們所在的宇宙中，悲劇一直都在不遠處發生，真正的挑戰是要能在茫茫濁世、變化無常中，找到一份堅實、安寧且溫柔的喜悅。我們每天都應練習離開自己狹窄的視野，從各種鑽牛角尖之中抽離，因為負面的心理暗示法非常能障蔽人心。只要打開電視，看看無處不在的意外悲劇、司法不彰、疾病痛苦等等，就足以使人失去生命中的希望。

我們的大腦是一部非常精細的心理儀器，然而似乎有某種內建程式，讓它特別喜歡專注於窒礙不通之處，因此我們會經歷一系列幾乎是無法根除的精神警報，伴隨著綿延不斷的恐懼、否絕、害怕得罪人、擔心身患重病、不敢面對死亡等種種憂慮。但我們大腦裡天生帶來的原廠設定，不見得就是最佳模式，而此時，朋友能幫助我們解除鬼打牆的狀態，像是馬修就以專業教練的素養與無比的耐心，向我展示了「恐懼」是一條狹窄、此路不通的死巷，他特有的領導方式給了我信心，讓我避免陷入無盡的碰碰車循環。

＊延伸參考關鍵字：焦慮（二二一頁）、不恐懼（八五頁）、恐懼（八四頁）

恐懼

克里斯多福

恐懼可說是最能抑制自由的情緒之一——以外部自由而言，恐懼常常促使我們逃避或退縮，而以內在自由而言，恐懼則是會汙染我們的思想，迫使我們把心思放在觀察環境、估算所有可能的危險，並絞盡腦汁提前找出對自己和所愛的人來說最安全的選項——我們的大腦變成了擅長監看、規避、謀畫的一部機器。而即使是想像中的風險，也能藉由恐懼入侵和奴役我們的內心。

恐懼是最古老的情感。即使在原始生物中，也存在兩種基本的，幾乎是反射性的運動：靠近（尋找資源和愉悅）和迴避（面對危險時自我保護）。因此，我們可以將恐懼視為所有其他痛苦情緒的根源：羞恥來自對他人注視的恐懼，悲傷是對持久匱乏的恐懼，憤怒是對失敗或屈辱的恐懼等等。

讓我們仔細想想，無論年紀大小或處於生命的哪一個階段裡，我們總是懷有一種

（或多種）恐懼。因此我們總是有心靈工作要做！

＊延伸參考關鍵字：焦躁（八二頁）、焦慮（三一二頁）、不恐懼（八五頁）

不恐懼

亞歷山大

每個人類都繼承了一件包袱，這是一種內建軟體，會按照裡面設定好的種種限制循環運行。每個人都會受到自己成長的土壤所影響，不論這塊土壤是否肥沃。因此我們要勇於放下不好的習慣，以開創另一種更簡單、更輕鬆和更自由的生活方式，這是我們身為人的任務。亞里斯多德是對的：一位鐵匠透過鍛鐵成為鐵匠——正是透過實踐道德行為，我們才能養成良好的習慣，培育對自由的深切嚮往。我們必須從習慣中走出，為自己樹立信心……

「哎呀他沉默寡言的，看不出來呀。」是的，恐懼和弱點通常隱藏在最不被預期的地方。長久以來，我一直擔心我的孩子會因父親是殘障人士而在學校裡被排擠，也擔心他們會因為自己未曾犯過的錯誤而受到指控。更糟糕的是，在看到一檔針對妥瑞症患者的節目之後，我開始害怕在地鐵、超市、商業中心或擁擠的書店裡大聲說話，因為我害怕這麼做會傷害我的親人——真的，我當時真的這樣想。我發現自己不得不咬緊嘴唇，以免突然大吼大叫脫口而出一些胡言亂語：我的妻子搶了銀行、我的女兒賞了一個老師的耳光，或我的兒子毆打了他的同學之類的。我腦海裡瘋狂的想像製造了最荒誕的場景，而這一切都使「痛苦」這頭怪獸感到饜足。我的孩子在上學途中有可能遲到時，我心裡會幻想著他們被當場退學的場景。孩子與其他班級做了相同的考題，而我腦中自尋煩惱的機制忍不住高速運轉：他們將被指控作弊、被退學、被社會排斥……而走向「不恐懼」就是要相信、要體會到在這些災難性情景的背後，我們的意識依然可以對世界敞開，並培養信心的神聖種子。

面對自身的恐懼使我理解了托爾斯泰的思想實驗。這位才華橫溢的俄羅斯作家舉了一個具有象徵意義的例子：如果被要求盡量不要去想北極熊，我們反而會立刻迷上這種雪白色的哺乳動物。向「不恐懼」邁進，意味著要著眼於恐懼的機制，而不是恐懼的內容，且歡迎恐懼，而非與之抗爭。每個人恐懼的主題各不相同，但基本的不安全感是其中的共同點。我的恐慌背後隱藏著什麼創傷、什麼期望、什麼幻想？為什麼我如此害怕他人會因我們都沒有做過的事情，指控我和我的孩子？

在《文明與缺憾》一書中，佛洛伊德聲稱生活在社會中需要犧牲一部分本能，人必須壓抑自己的暴力傾向，不斷的控制自己、糾正自己，根據他人的期望來調適自己等等。我們必須這樣、必須那樣、必須配合一百樣……這些要求與理智斷線之間的距離只有一步。為什麼他人尚未說出的話可以決定我是誰？他人究竟在我的生命中占有什麼地位？是法官？還是司法部長？我們要學會克服自己的恐懼、馴化它們、與它們同在，不帶羞恥感的觀察流過我們心中的這些情感。我們可以在自我接納的道路上賭上一把，而在這條路上，益友可以給予我們幫助，我們天天面對的人們也不僅僅是障礙或行為審查員，他們亦可以成為我們生命中的旅伴。

*延伸參考關鍵字：焦慮（三一二頁）、恐懼（八四頁）

憤怒

馬修

我們心中懷抱著越多的負面情緒，我們越容易將這些心理因素疊加於現實世界中。正向心理學、認知療法和佛學理論就此找到了共通點——在一次與達賴喇嘛的會面中，認知療法的創始人亞倫．貝克解釋道，當我們非常憤怒時，事實上，我們百分之八十的感受只是對現實狀況的自我詮釋。

假如某人天生就很有吸引力或很惹人厭，那麼照理說，全世界都該被此人吸引，或遠離此人，但事實並非如此，然而當我們被欲望或憤怒淹沒時，容易忘記了這個明顯的道理，因為我們正身處於「不反應期」（就像情緒心理學家保羅．艾克曼所說的一樣），因此無法意識到自己所討厭的人也具有正面特質，或自己瘋狂愛慕的人也有缺點。

諸如憤怒這樣的負面情緒還有另一種特徵，達賴喇嘛常常強調，這些情緒不需要

「培養」，就可以自行蓬勃發展。我們可以不需要訓練自己，就達到狂怒的狀態。就像我的一位導師吉美欽哲仁波切所說：「我們不需要鍛鍊自己的大腦，就可以輕易的煩惱或者嫉妒；我們也不需要任何加速器就可以憤怒，不需要任何擴大器就足以自戀。」也就是說，即使我們天生就具有耐心、滿懷善意，但依然需要一些努力才能維持這些特質。

想克服憤怒會是徒勞無功的嗎？是不是讓憤怒發洩到某一個盡頭反而比較簡單呢？實驗顯示，若我們習慣於放任自己的負面情緒，它們就會像沒有及時根治的感染源一樣，只會越演越烈，並在我們的內心扎根，一旦這些負面情緒累積達到臨界點，我們將再一次屈服於它們的力量之下。更糟的是，這些情緒的臨界點只會不斷下降，也就是說，我們每一次都將比前一次更快產生憤怒、焦慮等情緒。

但這並不代表我們必須壓抑情緒，壓抑只是一種暫時性的做法，很難讓我們達到內心真正的平靜。有兩種可能的狀況：其一是這些負面情緒是我們內心固有的一部分，因此想擺脫這些情緒就像是自己打自己一樣，只會落得失敗的下場。而在第二種狀況中，負面情緒被一些暫時性的因素或條件所激起，相較之下，這種負面情緒就容易擺脫。

我要補充一點：憤怒也有可能轉化為憤慨，這是一種在不公不義的狀況（例如屠殺）面前產生的反抗情緒，可以激起我們想幫助他人的強烈欲望。

憂鬱

克里斯多福

悲傷可以戰勝，但憂鬱則必須治療。

憂鬱使我們失去了對生命的愛，以及能克服逆境的勇氣，意即生命的崩潰。在憂鬱症的影響下，我們會不可抑止的將生活視為連綿不絕的困難，而唯一脫離困境的方式是死亡。因此憂鬱症患者會產生「停止」的衝動，希望停止憂鬱，或乾脆停止生命。

在這種情況下，切記不要批判被憂鬱症纏身的人，因為他們既不軟弱，也不自私，更不是故意要找麻煩，事實上他們罹患了看不見但極具破壞性的疾病，因此，我們反而必須盡力幫助他們。

有時候，身邊親友唯一能給予病人的幫助，就是迫使他們尋求治療，即使患者本人認為治療不會有用。事實上，憂鬱症可以被治癒，藉由藥物、心理治療和許多其他方法，在這方面的醫療越來越成熟。而在被治癒之後，仍要注意照顧自己的心理健康，因為憂鬱症往往有復發的趨勢，不請自來的再度糾纏。

為了防止憂鬱症在心靈裡重新定居，我們應該努力建築自己的快樂，每天在頭頂上建立一個正向情緒的高壓氣旋，這個氣旋會像我們在氣象預報裡看到的一樣，把旁邊的憂鬱低氣壓通通驅散。

嫉妒

馬修

嫉妒是一種奇怪的感覺。我們嫉妒別人的幸福，而理所當然的不會嫉妒他們的不幸，但這不是很荒謬嗎？

祝福他人的幸福，難道不是件很自然的事嗎？

他人感到快樂時，我們為什麼會受到影響？

為什麼在看到他人的美好時，我們要感覺到怨恨？

嫉妒的相反面，是能體會到他人所有大大小小的快樂，且讓他人的幸福成為我們的幸福。

嫉妒這種情緒，沒有「欲望」所帶有的吸引力，沒有像「憤怒」一樣偽裝成守衛者，沒有「驕傲」替自己戴上的偽裝，甚至不能像「愚昧」一樣讓我們對痛苦無感。

無論從哪個角度看，「嫉妒」扮演的都是一個醜陋而悲慘的角色。達賴喇嘛經常說，嫉妒是最愚蠢的負面情緒，因為它使我們痛苦、剝奪我們的睡眠、使我們失去食欲，而與此同時，被我們嫉妒的人則高枕無憂。

心靈

亞歷山大

我們內心預設了對世界、生活、愛、自我、幸福、快樂等等的願景，它對一切都有意見，而其帶有的偏見往往使我們脫離了生命中直接且純粹的經驗。

透過自我節制，我們能辨明「自我」製造出的情緒：自尋煩惱、憂愁、顧慮、取悅他人的渴望、不滿，以便重新發現生命中的原本就存在的善良——這種善良超越種種恐懼和期望，在生命的每一刻裡不斷給予自己充實感。

但是我們該如何使「心靈」這頭野獸平靜下來？

在混亂中，我們可以做一種臨時的練習：拿出紙筆，在一到十的範圍內，替自己的想法、情緒、恐懼評分。這種「內部地震」的練習，可以建立一個中立、平靜的思考模式，既不太冷漠、也不會太熱烈，而如果情緒升高到十分，我們可以拿起電話尋求協助，以避免犯下無法彌補的錯誤。這種技巧非常基本，優點是可以使我們暫時脫離自己的思緒：「不然給個三吧」「應該是四分吧」「啊，好像是六分呢」。

當我們處於情緒漩渦中時，很容易堅信自己腦海裡的一切：認為錯在他人、冒出莫名其妙的想法、對特定事物的恐懼症、種種幻想與妄念。有時我們該拒絕這些負面元素給出的指令，試著讓它們從腦海中溜過，但不要做出反應——這往往是面對情緒時最有效的辦法。

心靈的小惡魔希望讓劊子手長久霸占我們的內心，而一旦成為我們的主宰，這個劊子手就再也不會離開，並且會逼迫我們，從髮梢到腳趾尖都對其言聽計從，讓我們的生命無時無刻不處於爭執與混亂之中。

＊延伸參考關鍵字：內心廣播電臺（一三七頁）

幸福

克里斯多福

幸福不是智慧的目標，而是智慧的結果：如果這會讓人擁有好奇心、保持與事物的客觀距離、仁慈、對世界對人對生命都有一份大愛，我們難道能不感到快樂嗎？

幸福就像睡眠以及其他情緒一樣，是一種自然湧現的狀態，幸福無法藉由召喚或協商得來，但是可以促進它的發生。藉由創造合適的條件，我們可以使幸福到來的機會增加。

但如果幸福就是不來呢？

其實沒有關係，智慧即使無法立刻使人獲得幸福，也依然對人大有益處——智慧能使人擁有清明的認知，以及在失望之後可以獲取有用的教訓。

＊延伸參考關鍵字：喜悅（九六頁）、樂觀（四六頁）

喜悅

亞歷山大

在我看來，喜悅比幸福更簡單、更容易獲得。我認為「不計一切代價都要活得開心」這樣的煽動性話語，使很多人覺得被幸福排除在外。而「喜悅」相較之下則比較謙卑，在我看來，也與人類的脆弱和局限性更加相容——即使我遭受慢性疼痛，或正為失去了所愛而哀悼，我依然可以擁有喜悅的時刻。選擇使自己喜悅的道路並不會損害其他事物，即使在生命中掙扎前進的人，也可以享受到這種體驗。

喜悅不等同於精力旺盛、膚淺的快樂，事實上，喜悅就是一聲簡單的「好」，是對現實深刻而真實的認同。史賓諾莎提醒我們，喜悅是人類從「次完美」過渡到「更完美」的過程。

每當生活得到發展、自我獲得進步時，內心就會充滿喜悅，但我們還是要小心，若是再往前邁出一步，就容易落入自我膨脹的陷阱裡。在《一週裡的第八天》一書中，作家克里斯提昂・博班提出：「在某人偽裝自己，或假裝了解某事時，宇宙的基本喜悅就會變得黯淡無光。」

＊延伸參考關鍵字：幸福（九五頁）

第四章

行動

起而行

克里斯多福

初學者常常認為在「靜心」與「行動」之間有清楚的分界線，這是一種常犯的錯誤。實際修行的結果讓我們知道，在此二者之間的差異其實非常小，靜心可以幫助我們更有效的行動，甚至有時會讓我們決定不採取行動——這並不等同於什麼都不做。在禪宗的傳統中，即使打坐占有極重要的地位，但事實上所有的姿勢與動作都可以成為靜心的載體：進食、行走、整飭、清潔等等，只要我們的意識專注於手上的工作，精神就能與身體保持一致和諧。

整體而言，要在行動中靜心，只須固定的將自己的精神完全投入到手上活動中即可——必須全心全意的投入，無論走路、開車、整理家務、聆聽、撰寫、閱讀、把手上的鑰匙或眼鏡放在某處、烹飪、清潔，一切動作都要專心致志。我們常常處於身體正在行動、但神智卻茫然飄遊於他處的狀態，可能在心裡默默抱怨、妄想、煩惱或思考未來的計畫。那些我們稱為「多工處理」的行為（也就是同時做很多件事，例如一邊開車一邊講電話、一邊說話一邊看簡訊），都明顯的讓我們處於高壓狀態，也讓我們所進行的每一樣活動都事倍功半。

相反的，全神貫注的做某件事情，則能讓我們進入研究者所說的「心流」狀態，在這樣的狀態下，我們完全沉浸在當下，能將自己的專注力發揮至最高程度，並擁有高度的愉悅感和掌控感。我們在運動員、藝術家、知識工作者身上，都可以見到這樣的心理狀態；園藝、手作或修繕ＤＩＹ等休閒活動也可以達到同樣的效果。

將意識完整投入在眼前的活動中，能讓我們理解到，「好好的活著」就是記得活在當下，亦即活在此處、此時。

第一步

亞歷山大

如果要奮力一躍，朝智慧之路前進，我們該從哪裡開始？

最重要的第一步，就是大膽而又誠實的診斷。在解放之路上，生為奴隸但追求自由的愛比克泰德可以幫助我們不帶恐懼的檢視內部的敵人、戰場，甚至幫助我們布下哨兵，留守生命的重要疆界，而且同時不會忘記享受其中的繁華區域。對於開啟智慧之路的這場冒險，他提供我們三個小訣竅：無限的耐心、輕鬆且愉快的毅力，以及無限的仁慈。

如果我們將注意力放到日常生活裡，並注意自己內心羅盤的走向，就能自我保護、免於受到許多危險的侵害。對自己清楚認知：知道自己容易受到傷害、被影響，以及知道自己遇到什麼困難時容易束手無策，這些自我觀察會對我們很有幫助。若我們忽視有害的關係，以及使我們陷入低潮的行為，就等於是讓自己滯留在奴隸狀態中。

改變

克里斯多福

許多人認為，真正改變自己是一件不可能的事，這樣的論斷是將「困難的事」和「不可能的事」混為一談。

我們常說「江山易改，本性難移」，但本性就像野馬一樣，如果我們願意花時間教導，這匹野馬也可能停下腳步，乖乖的被裝上馬鞍呢！如果我們不是去想該如何驅趕這隻野馬，而是好好的馴化牠，並非不可能找到折衷的辦法，因此那些「我天生如此」「我就是這樣」的想法可說是大錯特錯。

但同時我們不該高估自己的意志，那些認為「只要我想要，就一定能做得到」的人當然希望進步，但他們卻往往以失敗收場，因為他們以為只要下定決心，事情就會自然發生。畢竟，我們無法用意志力處理生活中碰到的每一件事，當我們面對麻煩、情緒失控或複雜的情況時，我們需要一些自動化的輔助機制，也就是所謂的「好的直覺反應」，即使我們可能在思考過後決定不要跟隨這些直覺。對我來說，培養這些直覺就是「修心」裡關鍵的部分。

對身體的訓練可以讓我們在不須鞭策自己的情況下，跑得更長更遠，而對心靈的訓練則能讓我們在日常生活中，更平靜、更自由的面對事物，因此不需要殫精竭慮或在面對困難時鑽牛角尖。這種說法或許有點矛盾，但我們有時會需要養成一些自動化的機制、一些好的直覺反應，來維持內在心靈的自由。

「修心」並不只是「想改變」這麼簡單而已，因此，只是思考自己能力的極限、在心裡替自己設定目標是不夠的。

這也就是為什麼對我而言，正念靜心與「改變」這件事息息相關。我越進行靜心，越能清楚察覺到「單純思考某事」——擁有某種意圖、尋求某種解方——與真正將自己沉浸在開放且流動的思緒中的差別。

充分運用意識上的覺察力，我們才能創造改變。運用正念靜心，我們可以使大腦達到一種特殊的狀態，讓自己更懂得尊重一切、更有可塑性、更心胸開放，我相信正念靜心可以在「改變自我」的過程中，補足意志與思考這兩種方法之不足。

選擇

亞歷山大

事實上，自我內在精神性的轉變是很不顯眼、很謙卑的。這種改變並不是三百六十度的巨大轉向，而是在日常生活中，藉由不起眼的行動、微小的選擇而漸漸達成。我常常在生活中為「花生症候群」所苦——只要我放了第一顆花生進嘴裡，我就不得不咔滋咔滋整包吃掉，有時甚至一包還不夠……其實只要能忍住一開始去碰花生的衝動，就不會讓自己陷入這種癮頭裡。

我們該如何培養一種柔和的警戒心，讓自己不要每次都在同一處重重摔倒，並且在危險與誘惑靠近我們時，能及早察覺？比起長篇大論的解決方式，或許微小但能打斷過去積習的選擇，反而能真正解救我們。

在我的觀點中，努力包含了力爭上游、擺脫惡習、減少慣性、拒絕屈從，因為行動正是我們能學會對壞習慣放手的關鍵。若我不幸錯過了火車，與其花上十幾二十分鐘抱怨火車公司，還不如將精神導正到真正的問題之上、讓人生繼續順利的流轉——也就是趕快研究如何搭上下一班車。在這種情況下，我們要減少神經細胞不必要的運轉，因為抱怨只是「內心廣播電臺」裡解決不了問題的一檔節目而已。

需求

馬修

有一天，在我隱修的小屋裡，我問自己：「如果有一位仙子，讓我許三個物質層面上的願望，我會向仙子要求什麼東西呢？」我環顧一番，在這間小小的屋子裡，我能要求的很有限，既無法配置高傳真音響，更別說是大螢幕電腦。我只有個祭壇，上面放了幾尊雕像、二十多本書、一些衣服，以及日用品。過了一下子，我突然仰天大笑，因為我找不到任何不是阻礙而是增益的物品，能放在我的心願清單上。因此「我什麼都不需要」這句神奇的咒語，在唸誦十幾次之後，就能產生極大的撫慰效果，簡樸萬歲！

＊延伸參考關鍵字：斷捨離（三五五頁）

空手而歸

亞歷山大

我有時會與孩子們一起練習，進行一些小型的「修心」活動，像是在踏進超級市場時，我們設定了一個挑戰，要讓自己學會空手而歸。

蘇格拉底在市集裡漫步時，曾很高興的發現，市集裡大多數的物品並不能使他停下腳步。當我走進百貨商場時，耳中就聽到一個像是警示訊號的細小聲音，這聲音會立即阻止我買東西。

我抵制相信「擁有才是幸福」的這種瘋狂想法，而我們也能找到千百種方法，幫助自己避開物質的誘惑。

動力

亞歷山大

我們的動力來自什麼地方？是什麼讓我們願意冒險？

是因為我們生動、健康、充滿活力且渴望智慧嗎？

在我們心中還存在著紅蘿蔔的吸引力，和木棍的威脅嗎？

追溯讓我們成長的動力，可以在追求智慧的過程中節省自己的力氣，並對眼前的道路進行充分的規畫。

沙特對於錯誤的信念，抱持著譴責的態度：我們有時會因為想要取悅他人、害怕讓他人失望、想要做出補償而被迫扮演某種角色。禪宗的原則是「無為無得」，這個原則可以成為我們的指南針，讓我們遠離貪婪、放下自我展現的欲望，且不要想著輕易妥協。

廣告

馬修

有一天，我和雪謙寺的住持冉江仁波切一起走在紐約街頭。大名鼎鼎的時代廣場中間，四周布滿了劇院、電影院和各種大型商店，一旁摩天大樓的外牆上，掛滿了巨大的發光看板，不斷播報正在上演的藝文活動，或各種飲料和糖果的廣告。

冉江仁波切環視了四面八方幾百個大大小小、五彩斑斕的看板，然後有所思的對我說：「它們正試圖竊取我的心靈！」很顯然的，時代廣場不是一個對內心自由有益的地方。

在喜馬拉雅山上，人們不會在街道轉角處看到「暢飲可口可樂！」的巨幅海報，而是能環著山腰，找到由無數白色石頭排成的咒語，就像有些民間隨處可見的「南無觀世音菩薩」一樣，那裡整片山上覆蓋著印著祝禱的旗幟：「願眾生幸福！」而這份祝福會藉由經過的風，向四面八方傳播。

廣告就是要讓我們「想要」我們不「需要」的東西。如果我們確實需要某些東西，那麼即使沒有廣告，我們也會主動購買。有時我會想像自己在大城市裡，租用一些廣告看板，然後張貼提醒人們的海報：「少買點東西，能活得更好」「消費並不能帶來幸福」「不要買對自己無用的東西」等等。

＊延伸參考關鍵字：需求（一〇六頁）、斷捨離（三五五頁）

精神整骨

亞歷山大

急於追求智慧和自由的人們面臨一種危險：將修練的道路變成矯正中心、精神整骨診所，想要「修好」某種問題。事實上，無條件的接受自己的創傷，才能使我們超脫出來，就像是用手將其輕輕剝離一般。

登上樓梯、找到臺階、調整呼吸、看看現實狀況等步驟，這些已經對我們很有幫助。每個修持者都會擁有自己的資源，並帶著自己的弱點、包袱和盤纏前進。

＊延伸參考關鍵字：努力（三六二頁）、快樂的努力（三六六頁）

言詞

亞歷山大

言詞可以殺人，也可以救人。我記得有一天因為做功課這樣瑣碎的小事，責罵我的兒子奧古斯丹，但他的回應卻感化了我：「爸爸，當你對我大吼大叫時，我把你的話都想像成擁抱。」從那時起，面對嘲笑、批評或負面消息時，我一直試圖將那些傷害我的言語視為單純的發音、無害的字眼。

為什麼要給嘲弄我們的人這麼大的力量？讓他們有能力消滅歡樂，對我們有什麼好處？就讓這些聲音像風一樣輕輕吹吧，這就是我們要達成的挑戰。

意圖

意圖決定了我們的熱情行使的方向和程度，就像在徒步旅行時，第一步將會確定我們接下來行進的方向一樣。

馬修

在佛學的說法中，如果做一件事情的意圖是正義和良善的，是致力於眾生的福祉，那麼這條道路和最終的目標也將是正義和良善的。

第五章

人際關係

侵略性

馬修

在佛教教義中，我們常常建議人們，不要將他人加諸在我們身上的痛苦內化。一名男子曾經多次試圖侮辱佛陀，佛陀於是問他：「如果有人想要送你一樣禮物，但是你拒絕接受，最終誰會是這樣禮物的擁有者呢？」男子有點不安的說：「是送禮物的人。」佛陀於是結論道：「你的侮辱，我不接受，因此它們仍舊屬於你。」

在我看來，面對忘恩負義者、窮極無聊者和心懷惡意者，維持善意可以使自己無論如何都不受損害。保持冷靜、有禮，以及開放的心態，則可以緩解對方的敵意。而如果對方決定不改變態度，我至少還保有了尊嚴與內心的平靜。如果我陷入與對方對抗爭執的心態，那就等於是與對方同流合汙了，而爭執往往是以疊加的方式進行——對方語氣漸漸提高，我也針鋒相對的回應，雙方越來越大聲，直至衝突上升成為暴力。

＊延伸參考關鍵字：非暴力（一一五頁）、暴力（一三三頁）

益友

亞歷山大

在《六祖壇經》中，惠能大師提出「益友」這個概念。這是個非常好的詞彙，從字面上就提醒了我們，獨自一人躲在角落裡，不可能真正獲得解脫，我們要敞開自己、奉獻自己、鼓勵自己、承擔自己，並且對他人施以援手。

對我而言，這種能深交並建立精神連結的朋友具有兩種特質：首先，此人擁有一種無條件的愛，能不帶批判的看待事物，願意提供陪伴、不輕易放手，並且能努力直接面對自己的脆弱。同時，他不會輕易自滿，並能邀請同伴一起超越自我、從己身限制中解脫出來、拔除千百種會阻礙我們前進的執著。

惠能大師就像亞里斯多德一樣，認為友誼能使人成為更好的自己，不幸的是，世間的種種人際關係往往是基於利益之上，就像古希臘哲學家塞內卡所說的一樣，這種互利的關係在利益結束時，往往也隨之告終。

愛

克里斯多福

乍聽之下，「愛」與「智慧」似乎並非能拿來相互參照的兩種特質，因為「愛」一詞往往使人聯想到盲目或強烈的依戀，而「智慧」則相反，是在清明的心理狀態和自由之中努力得到的成果。因此，我必須在此先定義清楚，本書所談論的愛並非飽含激情、占有、浮濫無度的愛，而是帶著奉獻、慷慨、利他精神的愛，這種愛會為對方著想，並且不會企圖監視或控制對方。這樣的愛會讓我們隨時準備好，為了所愛之人——或者所愛的人們，因為這種帶有利他精神的愛並不具有排他性——而讓自己退居其次。

瘋狂的愛當然能譜寫出電影或文學中優美動人的愛情故事，然而現實生活中，故事往往沒那麼美麗……因此相對之下，帶有利他精神的愛會提供較為穩固的基礎。事實上，利他的愛與激情、依戀、欲望甚至是歷久彌新的情感並不矛盾，它甚而鼓勵我們對他人敞開心胸、對世界敞開心胸。這樣的愛會以無盡的形貌展現，例如愛慕、友誼、憐憫、善意、同情、溫柔等等。

照見天真自我

亞歷山大

靜心旨在幫助我們發現自己所有的心理投射、不滿指責、怨恨牢騷等，這些寄生在人際關係中的情緒。從某方面來看，我們可以說「修心」是人與人之間的潤滑油，並同時幫助我們拔除人際相處之間的芒刺。

在深潛進自我的過程中，我們必須膽敢與自己裸裎相見，卸下護甲與武裝，脫去戲服和面具，才能真實、不帶企盼的將自我呈現給自己。

靜心也讓我們認知到，世界上並不存在所謂「我的地盤」或「你的地盤」，而同情心是一項充滿明澈認知、能展現真實的力量，我們不該將同情與象徵天真理想的人格類型畫上等號，因為我們每一個人都屬於「人類」這個大家庭，每個人都有自由的能力，可以打破內外之間的藩籬、你我之間的高牆。

不和諧

克里斯多福

無論什麼樣的社會關係，都可能存在著摩擦與不和諧。

一段正常人際關係的標誌，是修復裂痕的能力，而不是永久的和諧一致（雖然和諧一致是個最佳狀態），而一旦出現了無法同意彼此的狀況時，雙方必須能進行討論。這正是所謂「活著的伴侶關係」和「死去的伴侶關係」，或「活著的友誼」和「死去的友誼」之間的區別——活著代表能自我修復，療癒結痂。

這就是為什麼和解或寬恕的能力如此重要，不僅僅是因為和平勝於戰爭這樣的原則問題，而是生存問題！如果我們不能忍受分歧和偶爾發生的衝突，以及修補關係的這些過程，那麼這段人際關係就會陷入貧乏。矛盾衝突就像是充滿苦味的食物，味道不好，但往往富含了個人心靈無法自行創造的「營養素」，也就是他人的論述與觀點。

無論是伴侶或友誼，我們都該定期對人際關係進行照顧和保養。莎士比亞曾寫道：「忽略維持友誼印記之人，最終都會失去友誼。」

預防不和諧並限制其損害的妙招是：好好的維護人際關係，如果對方不在身邊，記得時常問候；如果對方近在咫尺，要時常並真切的表達關心。

*延伸參考關鍵字：困難的人際關係（一二七頁）

仇恨

馬修

當「仇恨」在人們的心中燃燒時，「同情心」就應該跳出來，堅定的採取一種精神科醫師對待面前瘋癲病人的態度，來面對並處理仇恨。

首先，我們必須防止這個瘋子造成傷害，同時，就像精神科醫師不必使用棍棒就可以改變瘋子的想法一樣，我們也必須嘗試一切可能的方法，來解決面前的問題，而不要落入暴力和仇恨為我們設下的陷阱。

如果以怨報怨，問題將永無止境。

西部牛仔

亞歷山大

我當時剛從韓國回來，經歷了三年頻繁接觸福音、學習靜心的生活，我站在鏡子前面，卻發現面前的臉孔讓我不寒而慄。我當時經歷了人生中一段混亂的時期，使我常常過度敏感，整體而言，精神上非常脆弱。

在瑞士洛桑的一間餐廳裡，我正在洗手間裡釋放身體裡的水分，一位男士走了進來。有點像是某種美式酒館的場景，那人直直的望進我雙眼中，然後對我說：「喬連安，你這個懦夫，我們活在戰爭裡，什麼見鬼的善良、仁慈、天真爛漫，去他的！」

我當時沒有力氣與他劃清界線，並告訴這個人，慷慨不是一種虛偽的行為，而是一種崇高的勇氣，能用溫柔的方式擊潰自私、野蠻、復仇的渴望。

我很想用昆汀・塔倫提諾式的語氣嗆回去：「夠了嗎，老兄？講完沒？我們可以討論一點別的嗎？」在我們應當提倡無私、奉獻，並停止爭鬥時，為什麼還要這樣舉起長矛大聲宣戰呢？

對今天的世界而言，所謂「叛逆」不就正是變得無私、溫柔、慷慨嗎？難道因為世界如此粗暴，我們就該順隨的也變得粗暴嗎？我們該對那些憂愁的心靈、對那些像西部警長或牛仔一樣頌揚自我肯定及個體力量的人說什麼？為什麼我們要將反戰與怯懦混為一談？當這些人宣戰時，在尖兵利甲、層層防衛的背後，是否掩藏著極深的恐懼？不然他們為什麼要說「你這個懦夫」？

伴隨著強大的不安全感，顫抖且步履維艱，我帶著無邊的脆弱踏出腳步。團結並認為他人是同一條船上的戰友並不是件容易的事，我在那個晚上感受到無比的孤獨。

非暴力

馬修

我們常常將「非暴力」與「軟弱」聯想在一起，但實際上，毫無武裝的站在一隊準備射擊的士兵面前，需要極大的勇氣。甘地發起的「不合作運動」，即是意謂著「堅持真理」，他於一九三〇年發起的食鹽長征中，開始向英國當局發起挑戰──他與數十名門徒一起離開了靜修處，步行了四百公里到達印度洋岸邊，途中吸引了不少支持者加入他的行列。英國軍隊曾試圖阻止他們前進，民眾因此遭到毆打，但他們絕不以暴力回應，而是在毆打之下繼續往前。最終英國軍隊不得不放他們通行，因此幾千人就這樣抵達了海邊。

甘地從海灘上的鹽田裡，捧起了一點鹽。這違反了殖民政府的規定，因為法律要求印度人，甚至最貧窮的人，都必須繳納鹽稅，並且禁止人民採集食鹽。人群跟隨著甘地的做法，四處收集鹽水，消息傳出後，全國各地的人們都加入行列，開始在自己家裡煮鹽，並刻意在英國人的視線下生產食鹽，數以萬計的人因此被關進監獄，包括甘地在內。最後，英國總督終於在印度人民的決心下屈服，釋放了所有囚犯，並允許印度人自己生產食鹽。這次非暴力的長征是後來印度獲得獨立的一大關鍵。

四十年來，達賴喇嘛一直重申，對中國採取暴力回應並無法解決西藏問題，他表示：「我們永遠是鄰居，必須透過對話，找到一個雙方都能接受的解決方案。」有時，我們會聽到人們談論：「達賴喇嘛人很好，但這樣是無法解決西藏問題的。」難道西藏人應該訴諸恐怖襲擊嗎？還是劫持一架飛機試試？這難道不會引起中國更可怕的鎮壓、更殘酷的迫害，並因此加深仇恨與殺戮嗎？如果國際社會盡一切努力，使達賴喇嘛的和平方案能獲得成功，就可以做為解決以色列和巴勒斯坦之間永無休止的衝突的一個範例。然而，國際機構卻往往是在國家之間相互殘殺時，才會做出回應，而不是在有人提倡和平的時候。

＊延伸參考關鍵字：侵略性（一一六頁）、仇恨（一二二頁）、暴力（一三三頁）

困難的人際關係

亞歷山大

與他人的關係有時候難免會腐爛變質，更不用說那些徹底破壞我們生活的有害關係了。在這個主題上，我的一位朋友為了我上了一堂寶貴的課。他準備前往老人之家探望母親時，告訴我他正要下到「受汙染的車諾比大坑裡」，並補充說：「我準備好要面對一大堆負面能量、大量的責備，和吃不完帶著走的批評。」上帝知道他愛他的母親，這就是為什麼他會竭盡所能避免破壞彼此的關係，同時他也勇於在混亂中引入一點自由。在我們的生命中，有多少次與那些只願意給我們如麵包屑的一點點愛，卻不願滿足我們的心的人，來回牽扯不休？更糟糕的是，我們會將自己束縛於總是拉扯著我們向下沉淪的男男女女身上。

般若吉那巴德上師總結：一隻狗總是會帶著能得到食物的希望，回到主人那裡，即使牠的壞主人會打牠也是一樣。出於忠誠、出於必要，這頭勇敢的野獸隨時準備遭受痛苦的打擊，無限期的重現創傷，將自己束縛在劊子手身上。我們打算要經歷什麼，才能使自己的需求得到滿足，並最終獲得我們自認缺乏卻微不足道的東西？在沒有經歷過無條件的愛的情況下，有些人（尤其首先是我），會願意卑躬屈膝的爬行，以收集一些麵包屑，因為這是一個看似安全的作法。因此，我們會存在嚴重的依賴，和與他人疏離的危險。

幸運的是，有千百種方法可以讓我們脫離這座監獄。為什麼我們要賦予任何人給予或剝奪我們快樂的權利？我們該將內在的平靜寄託於什麼事物上？史賓諾莎再次使我們遠離庸醫，他寫道：「正是透過更大的愛，我們才能克服毀滅式的激情。」是的，要擺脫有害的依附感，而又不至於使自己精疲力盡，我們必須建立一個更大、更廣闊的願景：讓自己處於人群中，擺脫困境，建立真實的人際關係，並走向覺悟。而這種快樂的自我控制，或多或少，能使我們從這些負面的循環模式中脫離。

＊延伸參考關鍵字：不和諧（一二〇頁）、連結（三七三頁）

不依附他人

馬修

不依附他人並不意味著少愛別人，相反的，我們用更合適的方式愛人，就像陽光普照著眾生，而不是只對少數選定的幸運兒發出幾條光束。更重要的是，不依附，就不必因為期待回報而渴望獲得對方的愛。我們給予愛時，應將對方視為有情的眾生，與我們一樣渴望幸福、趨避痛苦，而不是透過自己心中扭曲的稜鏡檢視他人。與其焦急等待著被滿足，我們應該為自己的愛能喚起一種相互的愛而欣喜。我喜歡談論「不依附」而非「脫離」，因為「不依附」的字面意義帶有「不黏著於事物上」的想法，而「脫離」比較會使人聯想到撕裂的痛苦。不依附是指充分認識他人和他人的種種處境，但不會想控制對方，也不會用我們「占有欲的膠水」覆蓋他們。

不依附也意味著，不要將我們所有的希望和恐懼置於外部條件的掌控中。在藏傳佛教中，我們談論「獨特的味道」。這並不意味著我們不再區分芥末和草莓，或一切都變得平淡無味，而是我們能在任何情況下，無論晴雨冷熱，都保持我們內心的平靜——無論我們是否感到自在，無論我們得知了好消息或壞消息。一旦找到內心的平靜，我們就像是一艘擁有堅實龍骨的船舶，即使一陣狂風使我們暫時無法航行，我們也不會翻覆，而且會在風暴過後，迅速挺直。

聯合診所

亞歷山大

叔本華認為「人性」就像是小酒館之於酒鬼、賊窩之於強盜、療養院之於瘋子。我更喜歡將其視為一個龐大的聯合診所，在這裡，大家相互伸出援手，肩搭著肩繼續向前邁進。

在承受極大痛苦的時候，我夢想著可以有一扇逃生門，讓我能安全下船且不會被批判。「救救我！我必須通過一道難關，但是我沒有力氣了……」在這個廣闊的聯合診所中，我們每天都必須捲起袖子，扮演他人人生中的菩薩、機械技師、修車師傅。邱陽創巴仁波切向我們發出了激昂的呼籲：「我們必須努力幫助他人，用最直接的方式，甚至不要戴橡膠手套去清理嘔吐物。」

克里斯多福

反芻

通常在治療中，我們會建議病人問自己三個問題，以了解自己是在「思考」或是在「反芻」：

1. 自從開始思索這個問題以來，思索的過程是否幫助你找到解決方案？
2. 即使尚未找到解決方案，思索的過程可以更清楚看到可能的方向嗎？

3. 若還沒有找到解決方案，也無法清楚看到方向，思索的過程是否能解除你某些壓力？

如果對這三個問題的回答都是「否」，那麼你就不是在思考問題，而是在反芻問題。在這種情況下，擺脫鑽牛角尖的最好辦法是去做點事情，例如園藝、散步、慢跑、為他人服務等等，簡而言之，在另一個地方採取行動。你也可以與朋友交談：但不是聚在一起反芻，而是討論其他事情！

＊延伸參考關鍵字：內心廣播電臺（一三七頁）

暴力

馬修

儘管在現實日常中，有許多暴力事件不斷在世界各地上演，但我們的生命還是最常由合作、友誼、情感和體貼的行為編織而成。我們可以在所有形式的暴力的根源裡，見到對他人的蔑視。但與某些人所抱持的觀點相反，無論是生理學家和心理學家，都無法證明人類存在自發性的敵意衝動，人的侵略性並不像飢餓、口渴、對生理活動和社會接觸的需求一樣，被背後的自然動機推動著展現出來。更重要的是，世界各地無論是個人或集體的暴力行為，這一千年來都在持續減少。這個結論是過去三十年來，幾個研究團隊進行大規模研究的結果。在十四世紀，歐洲人成為凶殺案受害者的可能性，平均而言是今天的五十倍。

近三千五百項科學研究顯示，暴力場面會煽動出現暴力行為，尤其是媒體上播報的暴力影像，是造成現實生活中暴力襲擊的原因之一。這些影響是持久且可測量的，其中兒童顯得特別脆弱易感，但事實上我們所有人都會受到影響。

平均而言，當孩子一個十二歲時，他已經在電視上看到過一萬兩千起暴力死亡事件。一項針對一萬小時隨機挑選節目的研究顯示，美國電視節目中有六〇%包含暴力行為，每小時發生六個暴力場景，而最令人震驚的是，在讓年輕人收看的節目中，這一比例竟達到了七〇%，每小時有十四次暴力場面。

視聽暴力最令人擔憂的層面是其影響的持久性。研究人員表示，每天一小時含有暴力場面的電玩遊戲，會使孩子在接下來的五年中，出現行為問題的可能性增加四倍。

直至今日，人們都尚未達到共識，去創造一些親社會、非暴力的電玩遊戲，在這種遊戲中，不同的角色相互合作、彼此幫助，而不是相互殘殺。一項研究顯示，此類非暴力遊戲與暴力遊戲或中立遊戲相比，無論是從短期還是長期來看，都能降低人們整體的敵對程度，同時增加積極的情緒。

＊延伸參考關鍵字：侵略性（一一六頁）、非暴力（一二五頁）

友善

克里斯多福

人們有時傾向於將友善視為一種軟弱，但我卻在傲慢和侵略中，看到軟弱的跡象。

如果有一天，善良的好人不再被認為是弱者，反而是那些充滿侵略性、惡意、自大的人被視為愚弱，我們的社會才能真正進步。不幸的是，在許多企業環境、家庭文化與個人原則中，人們往往相信仁慈會使自己陷入危險。

我有一位朋友是醫學教授，他的座右銘是：「在與鯊魚一起游泳時，注意不要流血。」對他來說，如果我表現出善意，那是因為我放棄了在我的大學教授生涯中努力，因此我不會與任何人競爭。同時他認為，在他所處的層級上，對人釋出善意是一件不可能的事。也許他是對的，在某些圈子裡，要展現仁慈和善良的確不那麼容易。

關於友善被視為軟弱的誤解，讓我想起了心理學家托馬斯·德·安斯伯格所寫的

《別再友善了，做真實的自己》，這本書寫得很好，我也喜歡這位作者，而且它讓人們理解到仁慈並不是改變世界的唯一方法，但我仍然覺得這本書的書名大有問題。為什麼？因為這種說法會促使人們收回對他人的友善，進而擺出一種不帶善意、不加修飾的真實態度。

我有一些過於羞怯或患有社交恐懼症的病人，他們常常因為太過友善而被人認為愚笨。如果說，他們認為解決問題的唯一方法，就是變得不那麼友善，我就會解釋，「友善」這件事不是單向度的——認為自己釋出友善，就等於是在力量這方面自動認輸，這是一種錯誤的想法。

換句話說，我們大有可能在「友善」和「力量」兩方面，都達到較高的層次，也就是說，同時擁有高度的友善和高度的力量！最重要的是，不要減少自己的友善，而是要在自信方面多加努力。

內心廣播電臺

亞歷山大

我們的內心廣播電臺喜歡八卦所有的事物！它從早到晚永不休止的進行判斷、分析和比較。而我們越是重視它，就越難以使自己對他人敞開心胸。

我們需要練習，讓自己意識到這些使我們遠離他人、與世隔絕的念頭——即使我們一時之間無法關閉這部收音機，也清楚聽得到它一直在嗡嗡作響，並且自己有時會被這些電波淹沒，以致無暇注意其他任何電波。

遇到失去孩子的父母時，如果我們一直被「這也可能發生在我身上」這樣的想法所癱瘓，怎麼可能專心的傾聽對方呢？

＊延伸參考關鍵字：反芻（一三一頁）

第六章

與他人連結

同情

馬修

同情，是利他思想在面對他人痛苦時所呈現的形式。佛家以一種特殊的方式將其定義為「希望眾生擺脫苦難及其根源的願力」。正如醫生想根除流行病一樣，我們希望能從根源上治癒苦難，這意味著我們必須匡正世界上的不平等、使年輕人獲得更好的教育機會、改善婦女的地位等，從而破壞那些可能培育激進社會運動的土壤。

當某人心中燃燒著仇恨時，同情心就須扮演醫生的角色，以精神科醫師面對狂怒瘋人的態度處理這些仇恨之人。我們必須首先防止仇恨造成傷害，但就像精神科醫師不需要棍棒，就可以讓瘋人內心叫囂的壞蛋安靜下來一樣，我們也必須考慮所有可能的方法來解決問題，同時必須注意，避免自己陷入暴力和仇恨之中。如果我們以牙還牙，問題將永無止息的一天。達賴喇嘛的醫師丹增．曲扎，曾在中國的奴工營中度過了二十五年，他對那些施刑者沒有任何好感，但他設法使自己不對他們懷抱恨意。每次遭受酷刑之後，他總是設法恢復自己的悲憫之心，他對自己說，那些對他施刑的人必然經歷過被洗腦，因此比起仇恨，這些人更值得同情。這樣的心態救了他的命。相較於失去其他一切，他更擔心失去賦予他生存意義的同情心。

在佛家思想中，有一項法門乍看之下似乎有些自相矛盾，但實施起來卻非常具有力量。當我們遭受苦難時，我們首先要意識到，我們並非世上唯一遭受苦難之人，有些人遭受的痛苦比我們還要多；接著我們必須對自己說：「與其奮起反抗自己所處的困境，為什麼不用愛和同情心擁抱別人的苦難呢？」我們往往認為自己身上問題已經夠多了，因此不會願意將其他人的痛苦也考慮進去並承擔起來，但事實上這麼做的效果恰恰與預期相反——當我們承擔他人的痛苦，並透過同情的力量，在精神上轉變而解決它時，不僅不會增加我們所受的折磨，反而會使其減輕。

這種法門該如何實行？首先，我們必須在內心深處對遭受苦難的人產生愛，讓對方成為一位被愛的人；然後我們將自己的幸福與對方分享，並藉由來回的呼吸，將對方的痛苦轉移到我們身上。呼氣時，我們將愉悅、幸福與其他正面情緒，以一種明亮、清新的白光形式，和空氣一起推送到對方身上。在這個過程中，我們必須想著：

如果對方處於生命危險之中，我們祝願他的生命延長。如果對方窮困潦倒，他將得到所需要的一切。如果對方疾病纏身，他將恢復健康。如果對方憂愁苦惱，他將找到快樂和幸福……我們可以逐漸將這種做法擴展到所有受苦的人。而再次吸氣的那一刻，想像我們將面前眾生的所有身心疾病，包括其消極情緒，都化為烏雲並轉移到自己身上，烏雲將通過鼻孔進入身體，但會在過程中自動消融，不會在我們心中留下任何痕跡，因為我們的心是一團巨大而充滿力量的光芒。無論是在正式的靜心課或是其他活動中，我們隨時隨地都可以進行這個練習。

要注意：這不是一種犧牲自我的做法，因為負面的痛苦能在其中轉化為正面的同情。我認識一位老和尚，直到嚥下最後一口氣之前，都還在實行這個法門。在去世之前幾個小時，他寫了一封信給頂果欽哲仁波切，信中寫道：「我快樂的承擔了眾生的苦難而死，以便使他們擺脫痛苦；我願給予眾生我所擁有的一切美好，以及我人生中所達成的一切善行。」

*延伸參考關鍵字：利他行為（三九二頁）、自我同理（二七〇頁）、無條件的仁慈（三三一九頁）

同理心

馬修

同理心有兩個不同的層面，一個是情感層面，另一個則是認知層面。情感層面的同理，是指在情感上與他人的感受產生共鳴，從而意識到對方處境的能力，如果對方快樂，自己也會相對感受到快樂；而如果對方處於痛苦之中，自己亦會為他的痛苦而痛苦。因此，情感上的同理使我們能意識到他人的感受、其性質以及強度，而且對於痛苦尤其敏感。

認知上的同理就是把自己放在別人的位置上思考：如果我處於飢餓狀態、或在監獄中遭受酷刑，會有什麼感覺？認知上的同理，比較像是想像一下對方的感受，但卻不會真正的感覺到對方的情緒。在飛機上，我坐在一個害怕飛行的人身旁，可以想像對方承受的痛苦並試圖幫助對方，但卻不會感到同樣的恐懼。

若沒有同理心，我們難以感知他人的的處境，並關心他人的命運，但同理心並不一定會導致利他行為（渴望為他人利益而行動）和同情心（渴望弭平他人的傷痛）。

學會如何區分這些不同的心態，對我們自己而言至關重要。同理心是他人困境對自己造成的影響，而利他之愛與同情心則是由自己身上出發、對他人造成的影響。如果只懷抱著同理心，卻沒有因同理心而導致利他行為和同情，就容易陷入因同理而帶來的苦惱和倦怠中。為了不導致情感上的疲憊或失去動力，我們必須設法讓同理心落在利他行為的領域中，因為利他、無私的愛能慰藉同理心所帶來的苦惱，並促成幫助受苦者的渴望與決心。

這麼一來，我們不會耗盡自己的情感資源，反而會在幫助他人的道路上勇氣倍增。

＊延伸參考關鍵字：利他行為（三九二頁）、同情（一四〇頁）

信心

亞歷山大

從三歲開始到二十歲為止，我經歷了分離的磨難，以及像這樣刻印在記憶中的一些創傷——我十二歲的時候，有一天正安安靜靜的吃著一塊巧克力蛋糕，一些蛋糕屑落在了我的毛衣上，而正好路過的一位老師衝過來揪起我的領子，大聲說：「你這髒豬，就該抓去洗洗乾淨！」然後她在眾目睽睽之下，脫光我的衣服，把我沿著走道拖進廁所裡。在生命中的這一天裡，我心中有什麼東西碎裂了。在經歷了這樣的對待之後，我很難不覺得自己是種累贅、汙穢之物，或許就真的像豬一樣吧……

時至今日，我的益友馬修邀請我進入「信心的學堂」，這裡有三堂緊密相關的課程需要修習。首先是「自信」，自尊心是一切的基石，讓我們得到內心的自由，並打從心底覺得自己有能力可以面對生命中的高低起伏，能得到快樂、平靜與愛。

第二堂課是「相信他人」。為什麼沙特的名言「他人即地獄」這句話如此精準而不可撼動？在摒去天真無知的狀況後，相信他人能讓我們得到新的人生經驗和體會。在一條條的疤痕、創傷及種種防禦機制背後，每個人的內心深處都依然存在著同情、愛，以及佛性。雖然有許多學說駁斥這種看法，但我依然堅持人性本善，我們天生就是善良、慷慨、無私的。即使社會中每天上演著邪惡、不公不義、暴力、誤入歧途等戲碼，但這並不代表我們就必須採取不信任、悲觀、絕望的態度；也就是說，不應讓這些悲劇阻止我們全身全心、為打造一個更公平更團結的社會而努力。

最後的一堂課是「對世界及人生的信心」——保持內心的喜悅，讓自己活在當下，並對無法預料的未來抱持大膽、輕盈、靈活和自由的態度，以避免總是落入場景中最黑暗的角落。

大體而言，我可以說我知道培養自信的理論，但事實上，最重要的無疑是「以身試法」這項實踐的部分。若是沒有家人和朋友的幫助，我將仍然停留在幻覺、妄想、過去遺留的陰影、黏膩而不愉快的回憶中，被一種原始的不安全感攫住。

在恐慌的時刻裡，如何在自己的內心中找到一種方法，能溫和且堅定的抵制迎頭罩下的黑暗偏見，並拒絕服從那個決絕的將世界塗黑的內在聲音？我認為出發點就在於對「沒信心的自己」的信心——就用手上擁有的資源，大膽邁步前進吧！要相信自己的脆弱不會影響信心的進步。

這件事真正的困難點，是當不確定性開始變得難以忍受、我們因此在心裡開始尋求具體、恆定、安穩的種種保證時。然而，這樣的保證在人生中並不存在，因此對其執著的追求，只是徒然讓我們精疲力竭而已。

批評

克里斯多福

學習智慧的過程並不總是舒適的，但也不一定是孤獨的。我們往往認為，智者就是獨自在角落裡思考著生命的聰明人，不過，這僅是一種刻板印象而已。

事實上，學會以開放的心態面對那些困擾我們的東西，並以同樣的態度面對我們身上困擾他人的東西，才能使我們獲得智慧。

冷靜而充滿好奇的接受批評，是一種對智慧的應用練習。如果這些批評有理有據，它們會使我們認知到自己需要改進的部分。相反的，若這些批評無理無據，我們則得以知道別人如何看待我們，並看見他人內在所帶有的偏見。

相互依存

馬修

我們手上拿著的這一張紙，背後至少經過三十五個國家的努力：一名伐木工人首先在挪威的森林中砍伐一棵樹，然後由丹麥的運輸商將其運到法國的一家工廠，用德國製造的化學藥品對紙漿進行染色或漂白後，將來自捷克的馬鈴薯澱粉添加到紙漿中。此外，為這個生產鏈做出貢獻的每個人，都有父母、祖父母、子女，他們可能影響這個人對職業的選擇。

簡而言之，我們等於可以在一張白紙表面上的浮水印中，讀到這樣的隱藏內容：「其他人，其他人，還有其他人……」這種關於眾生與萬物相互依存的事例，應會讓我們的內心充滿感激。

如果我們近距離的觀察自然，將看到生物圈相互依存的許多現象：每時每刻，各種不同的動植物都能成功的共同生存、相處、合作，而藉由相互競爭，生物得以進化、再生，解決複雜的挑戰。因此我們說，相互依存是生命生存的基礎。

＊延伸參考關鍵字：團結（一六五頁）

教育

克里斯多福

教育所產生的效果，有時會具有延遲性——我們向孩子傳授某種價值觀（仁慈、毅力、誠實）的努力，似乎不會立即產生效果——孩子們依然繼續鬥嘴、在遇到困難時輕易放棄、為了自己的方便而對大人滿口胡言。因此，我們灰心的告訴自己「教育沒什麼用」，或是責怪自己做得不夠好。當然的確有可能如此，但我們還是必須多思考一下。

很多時候，孩子們長得越大、離我們越遠，我們越能驚喜的看到，他們在生活中實踐了我們的教導，並且在生命中秉持這些良好的價值觀。當孩子年幼、我們仍然在背後支撐他們時，孩子並沒有這樣做，這也許僅僅是因為他們還不夠成熟，畢竟教育是有延遲效果的。因此我們必須明白，即使沒有立竿見影的效果，我們也應在孩子的童年時期做出這些努力，而不該等到他們的青少年或成年時期才做。

事實上，教育孩子對我們自己而言，也是一個改變自己的機會，因為教育別人就是教育自己。教育關乎我們的生命哲學，尤其是在認為孩子的行為有所偏差時，除了透過言語告訴孩子要做的事情之外，我們同時也會藉由行為，向孩子展示自己的榜樣。這種「身教」用刻意或膚淺的方法往往不能做到，所以為了教育孩子，我們會修正自己的行為，讓自己在日常生活中時時言行合一，向理想的價值觀靠近。

最後還有一件重要的事情必須知道，有時我們會認為，由外在社會施加的各種規則，只有在與大腦結構、自身內在價值觀相契合時，才會發揮作用（而這些外在規則與個人價值觀的契合性，通常會透過情緒反應來表示）。因此，利他行為和團結一致這樣的行為，照理講可以很容易教給一個孩子，因為人類的大腦就是這樣設定的。

但是先天設定並不意味著後天發展的方向，若孩子沒有接受教育，或接受到了相反方向的教育（導致自私和競爭），這些先天的良善傾向將在內心保持休眠，甚至可能永久消失。

＊延伸參考關鍵字：利他行為（三九二頁）、親生命性（一五二頁）

親生命性（熱愛生命）

馬修

親生命性，即是意謂著「熱愛生命」，根據生物學家愛德華・威爾森提出的說法，是「人類對自然的一種本能的親近與愛護」。大部分的人都很自然的有這種感受，有時我們甚至沒有意識到這件事——大自然如何吸引我們、撫慰我們、使我們感到快樂，並且能帶給我們身體與心靈上的健康。

自然奇觀能帶給我們一種源源不絕的享受，且這種享受與其它世俗的物質感官享受不同。世俗的物質感官享受容易隨著時間使我們疲憊和厭倦，但對自然的享受則沒有飽和點。因此，親生命性可說是一種與生俱來的智慧，讓我們對自己生長的環境生出一份尊重之心。

這種與自然密不可分的關係，似乎深深刻印在我們的天性中，也因此成為一項有趣的研究主題。研究人員向受試者展示一系列照片，其中拍攝了許多不同的自然景觀，而那些最受喜愛的照片中，都包含了廣大草原、稀疏的樹林與星星點點的水域。這個研究結果中有一項驚人的部分——這是一項跨文化的偏好，無論受試對象來自什麼樣的地域都一體適用，即使是從沒見過草原的愛斯基摩人也都做出了一樣的選擇。然而，這項結果同時又很合理，因為人類的共同祖先來自於撒哈拉以南的地區，對他們而言，地勢微微凸起、視野良好，並且有幾棵較高的樹木之地能提供完美的瞭望點，讓人類可以監視獵物，以利獵食，同時也可以觀望掠食動物，以躲避危險。綠色的景觀使人想到富足與豐饒，而水域則是生存所必要的條件。凝視這樣的景象可以使大部分的人都感到平靜、安全與滿足。

我們也知道，與自然密切接觸，對於孩子的認知發展和情感發展具有重大的影響。近距離觀察自然，了解生物圈中的依存關係，理解動植物如何生存、連結、如何彼此合作或競爭、如何解決複雜的挑戰等，對我們而言都是非常寶貴的課程，能幫助我們找到生命中許多問題的答案。有一項在加州進行的研究顯示，在戶外上課的學生容易有較好的學業表現，並且較擅長於解決問題、批判思考，以及進行決策。在大自然中度過的時間可以增進孩子的創造力，而不幸在童年中與自然隔絕的孩子，則享受不到這份大禮。

許多研究都顯示了一項令人不安的結果：在城市裡長大的孩子，成年後罹患精神分裂症的機會是一般人的兩倍，同時也有較高的風險為憂鬱症、長期焦慮等其他精神疾病所苦。在城市裡長大的孩子，大腦灰質的厚度在某些特定的區域也較為不足。

對成年人而言，暴露在自然環境中可以改善鑽牛角尖的思維方式，並且降低對自己的負面觀感——對於自身的負面想法是許多精神疾病（尤其是憂鬱症）的肇因。這些研究基本上說明了綠化空間對於人類心靈有益，因此我們該重新調整自己與自然環境的關係，增加都市中的綠化空間，並且規畫合適於人類尺度（注：建築與都市規畫專有名詞）的建築模式。

此時此刻，我們比過去歷史中任何時刻的人們都更應該好好詢問自己，對於生活方式該做什麼選擇。

讚嘆

馬修

讚嘆能為我們的內心帶來寧靜、寬廣、開闊的景觀，並從而喚起與世界同在的滿足感；讚嘆使我們能超越自我、拓展心靈並開放內心；讚嘆也使我們充分體會人與自然之間，無所不在且動人的依存關係。在所有層面上，讚嘆都能引導我們走向智慧。

讚嘆可以有許多不同的來源，像是初生嬰兒的凝視、他人善良的舉動、自己內心放鬆且平靜的時刻。讓我們讚嘆自然曠野之美、讚嘆呈現出深度智慧和同情的面孔、讚嘆詩作被誦讀時呈現的美好節奏、讚嘆巴哈的前奏曲、讚嘆能啟發思想的教導。讓我們與無盡的蒼穹融為一體、在樹皮紋路形成的迷宮中迷失、親密的接觸一朵鮮花、細細品味歐歌鶇的悠揚聲調、體會落在掌中的輕盈雪花。讓我們專注於當下，不要花時間在成千上萬使我們分心的事物當中。

讚嘆能讓我們體會到心理學家米哈里·契克森米哈伊所敘述的「心流」，也就是當我們全心全意沉浸在眼前事物中的完美狀態。讚嘆與仇恨、貪婪和驕傲無法兼容，因為讚嘆使我們得以呈現出自己最好的一面；讚嘆同時與仁慈、慷慨和欽佩完美相契合，因此不但不會導致虛榮，反而能使我們振作。心理學家曾經進行的一系列研究，印證了「讚嘆」所包含一些意想不到的優點：它能放大利他行為、親近社會的行為，以及慷慨行為，同時也增強了歸屬感、參與群體的意願，以及人際合作的可能；它可以激發創造力，並加深我們存在於現今世界的感覺。當心中充滿讚嘆時，我們自然而然的不會認為自己是宇宙的中心，並且能感覺到自己歸屬於某種「超越自我之上的存在」，也因此會更加關心超越己身規模的全球性問題、尤其是環境問題。學者專家同時也告訴我們，讚嘆能減少個人主義與自憐傾向。

那些能在自己身上實踐讚嘆的人，更傾向將自己描述為「這個星球上的一位居民」，而不僅僅是「個人」。讚嘆使我們產生對自然的尊重，尊重會轉化為保護環境的渴望，這種渴望會導致行動，行動則可以使我們走向人類與環境之間的恆久和諧，而這份和諧是萬物相互依存的重要關鍵。

＊延伸參考關鍵字：親生命性（一五二頁）、自然（一六九頁）

生態學

亞歷山大

在希臘文裡面有一個詞「Oikos」，代表「住家、棲地」，而我們的生態系統應是「喜悅的共同居住在一起」此一狀態的最佳體現。

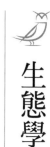

所有人都是居住在這顆美麗藍色星球上的室友，為什麼我們要互相扯後腿，將他人視為競爭對手呢？我們該如何成為彼此可靠的隊友，攜手一起面對未來？

要建立這樣一個生態系統，所面臨的不只是單純抽象觀念上的挑戰，還涉及許多會大幅度影響我們的日常生活的種種具體問題。我們與自然有什麼樣的關係？大自然對人類而言，是一間商店、一頓自助餐，還是一個工具箱，而我們可以在其中取用各種動植物，使用完畢即隨手丟棄？為什麼有些人會將世界視為一間大型超市？我們對於自己所引發的巨大生態災害，是否該麻木不仁、視而不見？我們應精準的運用智慧，重新審視自己生活在這個世界中的方式，並思考自己與將在生命中相遇的男男女女之間理想的關係。

幸運的是，大自然不斷提醒人類，我們不是世界的中心。自然之中無疑有比我們更巨大、更崇高的力量，以一種還算溫和的方式，讓我們能從「自我」中抽離，並遠離心中那股只想消費與消耗的力量——會使我們迷茫無感，無法與無所不在的大自然合而為一的力量。

當我們登上一座山巔、歇息於一棵樹的涼蔭下、得到另一名人類的陪伴時，我們必然會感受到那超越於狹窄、脆弱的個人界線之上，宇宙浩瀚無垠的偉大力量。生態學呼籲我們：要改變自己、追求心靈成長，讓自己從井底走出來，把自己張開雙臂迎向世界。

我們如何能在現代都市的水泥叢林中，保持與大自然的連結，並在各個層面上，尊重那些展現生命力量的各種奇蹟？如果我們希望在這個巨大的房子中共同生活，就迫切需要重新建立與自己內在的溝通、與他人的關係、與世間萬物的關連，並向世界打開自己的內心。若察覺到自己處於麻木不仁的狀態，記得要趕緊推開心靈的門窗，讓空氣流通循環，趕走潮濕發霉的討厭氣息。

在紐約地鐵上曾經發生過一件被紐約人視為日常的悲劇。一個人被歹徒刺傷，而整個車廂裡竟沒有人願意動一動手指頭，幫助這位不幸的傷者。我並不想掉進懷舊的情緒裡，但我們要如何才能面對此一事實？在看似四通八達的現代社會中，人與人之間的連結正在減少和衰退。就像我經常在網路上學習英文，我對住在波士頓的英文老師，比對我的鄰居還要了解。

因此，我們所面對的是一項重大的生態挑戰，也就是與世間萬物共同生活，並且不讓任何一種存在被排除在外。我們該怎麼照顧自己的居住地，同時也照顧與我們一起生活的其他存在？我並不想扮演烏鴉嘴，但我們難道不該好好審視一下，那些破壞「地球」這個共生環境的汙染源嗎？我們該從此刻開始，努力不懈的提倡共同生存、敦睦物種此一目標。

在普羅提諾（新柏拉圖學派中最重要的哲學家之一）的觀點中，我們的靈魂會成為自己經常凝思的事物。

我們每天從早到晚都關注些什麼呢？

我們如何充實自己的內心？

是用邪魔歪道的狗血戲碼，還是爭權奪利、任性乖張、勝者為王？

我們如何讓自己的生命不受損害？

我們難道不該回到自然、面對挑戰，讓自己暫停下來、放慢腳步、放下貪婪，不要只想著「自己」，而是思考著「眾人」嗎？

＊延伸參考關鍵字：環境（一六〇頁）、公共綠地（一六七頁）、自然（一六九頁）

環境

克里斯多福

在改變自我、改變世界的道路上，個人的努力至關重要，但是所處的環境會對我們帶來根本且重要的影響。

我們每天浸淫在「環境」這個大染缸裡不斷發展，環境中的弊惡和美德因此會不斷反應在我們身上，阻礙我們的路途，或幫助我們加速前進。

對於身為醫師的我而言，環境可以改善我們的健康，或改變我們的身體狀況，這就是所謂的「環境醫學」。若處於一個呈現病態、遭受人類汙染的環境中，無論是物理汙染（空氣汙染、水汙染、食品汙染）、人際關係汙染（永無止境的人際競爭或不斷與他人比較）、文化汙染（生活在自私和物質主義的社會中）等等，我們都不可能健康的活著。相對的，有利的環境有益於我們的健康和福祉，例如定期接觸大自然、身邊有願意愛護和幫助我們的家人和朋友、生活在注重團結和尊重的文化中，並享受這種文化等等，這一切對我們的發展都是有益的，而我們只須浸淫其中，不必付出任何刻意的努力。

因此，當我們談到「生態系」的概念時，其中不僅包括對自然界的保護，還涉及了保護人際關係、人類社會中最優質的部分，並且同時要針對其不良的部分表達反對、採取行動——即使我們並不見得意識到，但這些行動非常重要，因為良好的環境能使人心情愉悅、有安全感，並讓人能用開放、平和的態度與世界建立連結。好的環境能讓人感覺到，自己正生活在可以預測、公平、和諧的宇宙中，就像溫和的風推動著我們，幫助我們向前邁進。相反的，有害的環境會使人感受到壓力、悲傷、疲倦，並迫使我們保持警惕、多疑，以保護自己免受傷害。

我喜歡「生態系」這個概念的原因，在於它提醒著我們：人類並不是憑空出現、也不是吸風飲露就能獨自存活的，我們必須扎根於自己的文化、物質環境、人際關係中，在這些地方找到生命所需的養分。

城市中的樹木與森林中的樹木，生長的方式大不相同，這也就是為什麼我們必須思考，如何在自身內部達成生態平衡，並辨明那些可能有利於或不利於這個生態平衡的外部條件。

*延伸參考關鍵字：親生命性（一五二頁）、生態學（一五七頁）

人工智慧

馬修

人工智慧的出現讓人類變得更有智慧嗎？它能增強人類的意識嗎？

讓我們回想一下，所謂的「ＡＩ」就是使用著演算法（也就是一組運算規則）的機器，這些規則可以透過計算，確定實現一個任務所需的動作順序。人工智慧領域的最新發展，不僅使執行複雜的任務成為可能（例如創作類似巴哈風格的音樂，或在西洋棋比賽上，擊敗棋王加里・卡斯帕羅夫），還可以根據提供的規則，學習進行其他遊戲。最近一個人工智慧在三天內學會如何掌握圍棋遊戲，並在一百次遊戲中，每一次都擊敗了另一部曾經勝過人類圍棋世界冠軍的電腦。曾經擊敗世界冠軍的電腦沒有配備學習能力，但是它預先儲存了數千種圍棋步法，並具有驚人的計算能力。

如今在複雜的癌症病例中，人工智慧能比最好的專家做出更準確、更精要的醫學診斷。因此很有可能在不久之後的未來，人工智慧將取代人類，來執行許多今日需要人工操作的任務。然而，這種「智慧」與「意識」沒有關係。輸贏對ＡＩ沒有意義，也不會讓它悲傷或快樂，甚至在演奏巴哈的音樂時，ＡＩ也因為並不知道自己在做什麼，而不會感到驚嘆。

人工智慧與一個有意識、能觀察自己思想的本質、擺脫仇恨和貪婪、尋求內在的自由，或享受一種整體飽滿感覺的人類截然不同。換句話說，人工智慧不是一種生命形式，而只是一種運算方式。我們通常容易將兩者混為一談，因為我們容易將笛卡兒的「我思，故我在」與「我運算，故我在」混淆，而從現象學的角度來看，我們更應該說：「我是有意識的，因此我存在。」

與意識的本質相比，人工智慧只是一種沒有心靈作用的純粹機制，因此它完全無法與人類心靈相提並論。而人工智慧的出現，比以往任何時候都更加突顯了「智力」與「意識」之間的根本區別。在晨霧之中漫步、沉思於人類心靈的本質、被雄偉的風景驚嘆、被孩子天真無邪的注視所感動、痛苦的嚎啕大哭、愛、給予、接受、分享、幫助遭受苦難的人、有尊嚴的活著……可憐的人工智慧，對這一切一無所知！人類的意識是一個奇蹟，豐富而深刻，最後也願美好的死亡能為美好的生命畫下燦爛的句點！

容我再多說一句，ＡＩ的運作奠基於大量數據（也就是耳熟能詳的「大數據」）的使用，而儘管人類的大腦非常精巧複雜，卻無法處理這麼大量的資訊。而矛盾的是，即使我們今天動動手指，就可以立即擁有我們想要的資訊——不管是關於金字塔的建造，或心臟病原理——但這並沒有使我們變得更明智、更仁慈、更平衡。因此，與人工智慧一樣，「大數據」的出現，比以往任何時候都更加突顯了「資訊」和「智慧」之間的差異。

團結

亞歷山大

生來就處在最弱勢群體的邊緣，使我從很小的時候就對團結有了一定的經驗。有人聲稱人天生就是墮落且自私的，只考慮自己是天經地義的事，但我與我不幸的童年朋友們所一起經歷的卻恰恰相反：天生的團結、自發的仁慈、對共同進步的渴望……總而言之，都是振奮人心的利他行為——面對不幸的命運，讓我們團結在一起。我們必須拒絕「人天生就是自私的」這種想法，因為我發現事實正好相反，在許多人的心中，尤其是在孩子心中，我經常見到純粹、沒有任何算計的善意，為什麼人長大之後反而失去了這種純真呢？

的確，日常生活中的各種場景以及對自己的基本觀察，會讓我們忍不住陷入一些負面行為中，例如嫉妒、誹謗、嘲笑等等。要根除這些缺點有些困難，但這並不能阻止我相信人性的偉大。我們必須加倍努力，到達自己的內心深處，即我們存在的深層本質，而不被情緒掌控。

公共綠地

克里斯多福

德國建築師克莉絲塔・菲雪在開發公園和公共綠地時，從來不會刻意規畫人行小徑。

她會在整個地面上種滿青草，然後讓公園使用者自由的按照他們日常散步的路線，一步步踩出小徑。幾個月後，她會順著這些被踩踏出來的日常路徑，以鵝卵石加以美化，因此她規畫的公園往往很貼合附近人群的自然使用需求。

這是建築學上的智慧：放棄創作者或藝術家的自我，將使用者置於計畫的中心。

慈悲

馬修

慈悲在梵文中寫成「Karuna」，這個概念是無私的愛在面對他人痛苦時，所採取的形式。

佛教將慈悲定義為「對眾生擺脫苦難及其根源的希望」，此處談的「擺脫」不僅包含造成苦難的直接、表面原因，更包括種種根本原因，其中之一就是使我們繼續循環於苦難中的「無明」。

慈悲並不是對良善行為的一種獎勵，它的目的是消除所有個人所遭受的苦難——無論其形式、地點、原因。以這種觀點來看，利他行為和同情心可以是公正並無限寬廣的。

「Karuna」同時也是我二十年前與一些朋友建立的人道主義組織名稱，該組織每年在印度、尼泊爾和西藏幫助近二十萬人，並即將在法國開始行動。

自然

克里斯多福

自然環境總是吸引著我們，並且在身體與心靈雙方面都有利於我們的健康。

我記得曾經參加一個朋友的火化儀式，眾人坐在一個沒有宗教符號、簡單樸素卻很溫馨的大房間裡，突然之間，我們面前的牆面緩緩升起，後面漸漸露出一個很大的弧形落地窗，透過玻璃，我們看到一處小花園和一個湖泊，而整片風景迤邐向前，與遠方廣闊的藍天相接。我一直到今天仍然記得，當這些美麗的自然景色出現在面前時，我內心深處所湧現的舒緩與放鬆。那一刻，大自然緩解了我的悲傷。我記得曾對自己說過：「我們生不帶來、死不帶去，世界會一直存在，而生老病死不過就是事物自然的順序而已。」在火化場的那一刻，我覺得只有與大自然的連結，才能真正傳達這份訊息，而人類建造的建築環境，即使設計得很成功，甚至帶著和諧之美，也永遠不能傳達同等的訊息。

很不幸的是，許多城市和郊區的環境，往往令我們感到不適與不安。我們在城市中常常是退縮的（許多城市居民沉浸在自己的耳機裡，或永遠面對著螢幕），並且有一種必須隨時保持警戒的壓力（在人行道上走路時必須小心不要絆倒，過馬路時要小心不被撞到）。在這樣的環境中，我們花費的所有努力都以自我為中心，我們的眼光轉向撤退和自我保護，而不是開放和發現世界。我們處於防禦狀態，失去了美好、安全、利於成長的環境所提供的輕盈、自由和幸福。好在現今有許多當代建築師正在徹底重新思考，明天的城市應該是什麼樣子，而「自然」將在未來的居住環境中占有重要的位置！

智力

克里斯多福

理解世界和解決問題的能力，不是僅僅由「知識」和「知道」所構成，我們都認識一些老學究（或者書呆子，這些詞彙正是在批評靜態和封閉式知識的局限性），也見過這個世界上存在著書呆子，他們空有知識卻不一定真的很聰明。

「智力」（Intelligence）這個詞的拉丁文字根「inter-legere」可以給我們一點線索，其字面上的意思就是將資訊連接在一起。智力讓我們能將觀察到的彼此事物相互連結，找出相關性以理解世界——用棍子取食白蟻的猴子，在腦海中將棍子與白蟻丘連結起來，而這個做法顯示出了猴子擁有的智力。因此，若是要變得聰明，我們必須觀察四周，並盡可能的查看「所有事物」，不僅僅將眼光放在近在咫尺、明顯、平常、合自己胃口的事物上。

智力是一種對於世界的開放心態，偉大的智力則是對整個世界都保持開放。而在這個世界中，有那麼多的東西看似可以相互連結……因此我們必須學會去蕪存菁，這也是智力的另一種功能。

哲學家西蒙·韋伊曾寫道：「智力不需要替我們找到任何東西，它只需要學會清理雜物即可。事實上，智力只擅長為人服務。」聰明才智能使我們擺脫不必要的一切和喧囂的煩惱，在今天的世界裡，智力的意義在於保護我們，免受充滿消費主義和資本操控的社會中，大量的誘騙、煽動、多餘的訊息，及不必要的入侵。但是，「為人服務」？事實上，智力不帶有道德性或價值判斷，它只是一種工具——在聰明的人之中，也有騙子和混蛋。如同作家和哲學家保羅·尼贊的看法：「智力對一切都有用處，對一切都擅長，對一切都服從……智力對真理、虛假、和平、戰爭、仇恨和愛，都能發揮作用。」

這就是為什麼有智慧的人必然是聰明的，但聰明的人不見得會有智慧，尤其當聰明者心中對他人不抱有仁慈的時候。

大慈

馬修

「大慈」一詞在古印度西部方言巴利語中寫作「Metta」，在梵語中寫作「Maîtri」，字面的意思是「充滿著愛的善良」。「大慈」意即希望所有人都能找到幸福及其根源；而大悲與大慈相對應，表示同情心，意即希望眾生擺脫苦難及其根源。

所有有情的生物都希望擺脫苦難、走向幸福，而慈悲使我們與所有人類團結在一起，並將這份愛擴展到其他動物身上。大慈沒有條件，作用的對象是所有存在的生物，而一旦其對象遭受痛苦，大慈就會轉變成大悲。

憐憫

亞歷山大

史賓諾莎在區分「憐憫」和「同情心」這件事上，給了我們非常清楚且美妙的定義。在同情心中，我們首先會看見愛：我愛一個人，而看到此人陷入磨難將使我感到難過。但憐憫是一種悲傷，甚至是一種帶著自戀元素的內疚感。電視上那些快要餓死的孩子們，組成了多麼令人心碎的景象，因此看到他們使我心痛，並意識到自己也是個可能遭受痛苦的個體。但如果我再往深處想，就會發現這些正在為饑荒而大聲哭號的孩童，對我而言只不過是陌生人，因此我們迫切需要喚醒心中的感性，用發自內心的愛與世上的不公不義搏鬥。

憐憫和同情心可以同時存在，我們需要用靜心來培養敏銳的觀察，將老鼠屎與白粥分辨清楚。

步行

克里斯多福

雖然消耗相同的體力，但在自然環境中行走，比在城市中行走對我們更有益。為什麼呢？因為在自然界中沒有廣告招牌、沒有噪音攻擊、也沒有持續的注意力中斷，因此我們的大腦可以自在運轉，自由的思考、徘徊、想像，同時保持思維的連續性和心靈的寧靜。

在城市或人造的環境中，有許多設備是故意設計來引起我們的注意、保護我們的安全，例如斑馬線附近的聲音裝置、人行燈號、汽車喇叭等等，或者是為了誘拐我們的眼球，像是越來越多無所不在、帶著侵入性的廣告。我們不再與自己的內心充分連結，而是必須隨時準備好對外界做出反應，也由於注意力不斷被分散，我們因此難以發展和深化自己的思想或感覺。我們不再是自由的，而是被外在奴役了，習慣去注意面前顯示的任何東西，而非自己選擇想要觀察的事物。

智慧的培養需要內在和自由，這大概也就是為什麼比起在繁華城市的喧囂，在大自然的寧靜中，我們更容易生出智慧。

＊延伸參考關鍵字：親生命性（一五二頁）

社群媒體

馬修

我們經常可以看到這種說法：「社交網路無時無刻的連結性，可能反而導致一種孤獨感。」而這項敘述是非常正確的。在臉書上擁有一千五百個「朋友」是什麼意思呢？很顯然這不是我們一般狀況下所理解的友誼。一位社會學家注意到，這些詭異的以「社群」自稱的媒體，最終往往讓使用者在看似與許多人保有連結的同時，卻又孤獨一人。

我記得某一次在報紙上看到一幅漫畫，畫著夜晚的某棟高樓，透過數百個點著燈的窗戶，可以看到許多人獨自坐在電腦前，與他人「溝通」。一位十六歲的社群訊息重度使用者略帶遺憾的說：「總有一天，但不是現在，我想我會學習如何進行一場真正的對話。」人的交流從對話退化到僅僅是彼此連上線而已，而網路上的交流是迅速的，有時甚至是簡單粗暴，但人與人面對面的對話則不同，相對之下進展較慢，並且能帶有許多細膩且微妙的表達，我們會考慮對方的面部表情、語氣、身體姿勢，以及其他所有可以促進同理心和情感共鳴的因素。

不可否認，社交媒體為全世界的人類提供了前所未有的發展性，使人們可以跨越地域聚在一起，與朋友保持連絡，擺脫獨裁政權的控制，或團結起來為崇高的事業而努力。但是這些網路平臺也已經成為自戀者的展示間，使每個人都可以無限放大對自己的關注：YouTube的口號是「表現你自己」（Broadcast Yourself）；在美國網域裡，某些臉書頁面在打開時會出現「I love ❤ ME」的標誌。然而，自戀並不能帶來幸福，無論是我們的幸福還是他人的幸福。

覺醒的社會

亞歷山大

讓我再重申一次：對精神生活敞開心胸、走上解放之路，並不是孤立自己、完全隔離、躲在非常舒適的地方隱居。恰恰相反，我們必須參與進社會之中，為他人、社群、人類這個大家庭付出。但我們該怎麼做、怎麼反應？面對龐大如海的苦難和不公不義，我那涓滴以計的努力算得了什麼？因此，重新擁有「我們」這個人類集體意識，是迫在眉睫的挑戰！

許多強調個人發展的論調讓人們以為，自己似乎可以獨自得到幸福，事實上這是一種完全錯誤的觀點。人類本性中存在著各種對於連結的需求，而人類的相互依存關係更是需要團結；社會上大部分的暴力和不幸來自於人們的貪婪、神經緊張，但人們內心深處卻不知如何自愛，因此我們必須從心中驅除仇恨、停止自卑，以使自己自由，並使他人快樂。每個人在內心都蘊藏著無限的潛力、龐大的美德，因此同心協力就可以為一個「覺醒的社會」搭建美好的基石。

邱陽創巴仁波切與其他許多人一樣，渴望建立一個覺醒的社會。讓我們聽聽他怎麼說：「我們無法改變世界的模樣，但透過對世界敞開心胸，我們可以發現溫柔、禮貌和勇氣並不那麼難以獲取，實際上它們對所有人來說，都是唾手可得的。」

勇氣、非暴力、仁慈、利他行為就像是好的酵素，以喜悅的姿態將我們帶離個人主義與利己主義，並治癒那些讓人感到痛苦的傷口。自我修養之中必須追求奉獻與慷慨，否則這種「修心」是沒有意義的。

為一個覺醒且更明智、更團結的社會而努力，並不是要將大眾洗腦或強加一個思想正確的帽子在大家頭上，而是要讓分享、進步和社會平等的聲音能被聽見，並致力於為每個人提供通向幸福和自由的方法。這些不是艱鉅的星際挑戰，也不是超越人類能力的任務，因為進展和思想的轉變是在日常生活的分分秒秒中漸漸達成的。尼采《人性的，太人性的》一書中的第五百八十九則箴言，一直不斷在我腦中跳出來：「每天早上起床時，問問自己：我們今天可以讓誰感到開心——這本身就已經是種革命！」

個人的智慧能發展成集體智慧，而每個人在其中都能找到自己的位置。集體智慧扎根於個人的行動，並能結出豐美的果實。具體的心靈練習可以是在每天的黎明時分詢問自己：「我今天該如何將自己對應於社會、獻身於社會？」

第七章

生活態度與方式

金錢

克里斯多福

金錢不見得能使人快樂，但在我們的社會結構中，金錢無疑是一種很好的減壓劑，讓我們可以免於日常物質生活上的憂愁。假如我的汽車或熱水器壞掉了，那麼我可以利用金錢找到人來修理它們；如果我的工作令人身心俱疲，我可以利用金錢在週末或假期中好好放鬆。

但我們也必須充分意識到，金錢會對我們的行為造成我們意識不到的影響。有許多針對此一主題的研究，在其中一項實驗中，受試者被分為兩組，第一組受到環境中對金錢的潛意識暗示：這些受試者必須面對電腦螢幕做一些習題，習題的內容並不重要，重要的其實是螢幕背景裡滿滿的鈔票影像，而第二組受試者會做一模一樣的習題，然而背景被置換成花朵、桌子或其他中性的影像。在另一項實驗中，一群受試者被要求按照紙片的大小，或上面印刷的數字來分類紙片，而另一群受試者則被要求須按照鈔票上的面額對其進行分類。

在這些實驗的第二階段，兩組受試者被全部集中在一個房間中，並被要求解開難易程度不等的幾個問題，若受試者在過程中需要幫助，可以向其他受試者請求援手。

第一階段實驗過程中，「暴露」於金錢環境下的受試者，相對之下比較少尋求援助，而當他人請求援助時，這些受試者也較不願意提供建議或花費時間。在實驗結束後，主持人坐在一張扶手椅上，請求受試者「請將椅子靠過來，坐在我身旁，我們來討論一下……」，相較之下，暴露於金錢環境下的受試者會與主持人距離較遠。

只是簡單的讓人們看到金錢的影像，就能讓人們在一段時間內變得較不團結、與他人距離較遠，這是一件我們必須知道的事情，並且要在生命中謹記在心。

等待

馬修

有一天，我與兩位朋友一起坐在等候室裡，等待了非常長的時間，其中有一位朋友是多年的靜心者，而另一位朋友在過程中忍不住說：「我很抱歉，讓你們等待這麼久。」這位靜心者回答：「但是我並沒有等待呀！」他想表示的意思是，他並沒有因為長時間的等待而感到挫折，因為他的心靈已經遠離了「期待」這件事，所以不會去盼望沒有到來的事情。

我們必須學會如何將自己安放在當下，在這鮮活靈動的當下之中，沒有等待。

還有另一種形式的等待，性質上稍微嚴重一些，並不僅只是與打發無聊有關，而是指在一項好消息或壞消息宣布之前的那段具體時間，例如等待醫院檢查的結果。這種時候，我們更需要擴大自己內心的自由。

無聊

亞歷山大

如果我們感覺到，自己的心靈總是需要找根骨頭來啃啃、不時的磨磨牙，或需要不斷在逆境中力爭上游、為自己找個內部或外部的敵人，以便感覺到自己存在，我們該怎麼辦？

我們知道該如何休息、娛樂自己、放棄爭鬥嗎？

我們能不能在不依賴內心雲霄飛車的狀況下，就使自己充滿活力？

這種說法很令人驚訝，但有時候我們的確比較喜歡躁動，而非安詳與平靜。馴服無聊並不是一件容易的事，尤其在我們身處的時代，各式各樣的刺激從四面八方蜂擁而來。

然而我們必須培養自己的品味，以及在無聊時產生的好奇心，就可以在平凡之中找到喜悅，在日常中找到隱而不顯的奇蹟。

嚴肅的心

亞歷山大

把精神生活與沉重、匱乏、禁欲、枯燥等概念連結在一起，事實上是種可怕的誤解。

史賓諾莎在其《倫理學》中，將喜悅視為通向自由的動力，而在通往自由的初始階段中，我們該詢問自己：「什麼事能真正使我們感到喜悅？」

若將幸福與完全隨機的外部原因連結起來，就等於從一個帶著惡意且患有躁鬱症的經銷商那裡，購買樂趣和喜悅一樣。

我們每天從早到晚在忙些什麼？

在我們眼裡，什麼是真正重要的？

拋棄刻板嚴肅的態度，才是真正開始理解生活。在認真的同時，可以偶爾取笑一下內心小小的自我以及心理劇場。幽默與嘲笑之間，存在著巨大的鴻溝，能以輕鬆談笑的態度檢視自己扮演的角色，正是脫離我執的最好方法。

邱陽創巴仁波切在《如是，我能見真實》一書中，多次提醒我們要回到本質：「幽默不只是講講笑話或玩個雙關，而是有意的使自己變得有趣。而這意味著，人們會在並列的兩種極端中，看到根本性的諷刺，因此不會再把這些現象太當一回事，也不會被那些『恐懼—希望』反覆交織的遊戲所困。」

要在焦慮、憤怒、毀滅式的激情中，依然能保持頭腦清醒，是多麼不容易的挑戰。

急躁

馬修

我們不應該把「勤奮」，也就是「努力之後得到的喜悅」，與「匆促」「急躁」

和「任性」相混淆。

有一個故事，講述了一位禪宗弟子問自己的師父：「我要花多長時間才能開悟？」

師父回答他：「三十年。」

而弟子忍不住再問：「那要是我很心急怎麼辦？」

師父答：「那就是五十年。」

道德

亞歷山大

「我該做什麼？」是個道德問題，而「我該如何生活？」則是個倫理層面的疑問。藉由這兩個節點，我們可以開拓一條自我解放的道路。

羅馬帝國時期哲學家聖奧古斯丁的名言「愛而後行」，清楚說明了愛以及對他人的善行在道德裡的中心地位。在他眼中，如果我們在生命中深深的懷有大愛，那麼我們的行為就一定會產出美好的結果。聖奧古斯丁在一封著名的書信中，為後人指明了道路：「這個簡短的箴言在各種時候一體適用：『愛而後行』。愛，然後做自己想做的事。如果你想保持沉默，則帶著愛保持沉默。如果你想說話，則帶著愛說話。如果你想糾正，則帶著愛進行糾正。如果你想原諒，則帶著愛進行原諒。愛必須在人的心中深深扎根，從這個根源上，不會長出任何壞苗。」這對我們來說是非常好的建議，我們不再需要用道德馬甲、生活規範、使用守則，緊緊束縛住自己。

但問題在於，我們還不是聖人，各式各樣的動機都使我們左右為難，再次陷入意志不堅的深淵。即使胸中懷抱著世界上最好的意圖，還是應注意不要產生對權力的渴望、憤怒、謊言、自私。這場戰鬥似乎很艱困，我們該怎麼做？一方面，我們心裡美好的部分仍會看到善良的好處，認可它並渴望得到它，但另一方面的自己又忍不住著眼於日常瑣事、犯下錯誤、不小心手滑。然而正是這些失誤，使道德與倫理對人類有意義，能做為我們前進的指南針。正如亞里斯多德所說：「鐵匠藉由鍛鐵才成為鐵匠的」，因此，我們正是透過一步步的實踐，才能獲得節制、勇氣、正義、中庸等美德。

而我們為什麼要依照道德行事？古希臘政治哲學家卡力克雷斯、尼采、佛洛伊德和許多其他先哲，都認真探討過促使人們做好事的真正動機。我們是出於正直、服從、「做該做的」、恐懼被拒絕、因循守舊、想要取悅他人而做好事，還是如同聖奧古斯丁所描述的一樣：人的內心棲息著良善，因此自然而然的會實踐善行？

道德和倫理議題對每個人而言，都是龐大的挑戰，它將剝除所有的偽裝，並從其中產生一種自由、充實、直接而毫不矯飾的愛。

＊延伸參考關鍵字：倫理（三八〇頁）

不確定性

克里斯多福

人類的大腦天生不喜歡不確定性。如果不知道第二天會發生什麼事，我們該如何安排自己的日程？

透過對最壞情況的假設？這將使人精疲力盡。

希望凡事都萬分順利？太過天真了。

因此，為了擬定計畫，我們進行了種種估算與推想，並忍不住要執著於自己的假設之上，甚至將假設當做現實。

除了不要自己胡亂編造故事之外，真正的智慧之舉是：要在種種假設中保持清醒——我無法阻止自己的大腦為了擺脫不確定性帶來的不適感，而進行種種預期和想像，但是我可以不要盲目的相信它。就像保羅．瓦勒希在《原貌如此》一書中寫道：「人的心靈在愚蠢和愚蠢之間擺盪，就像禽鳥在枝條和枝條之間起落一樣。這是它們唯一會做的事。但重要的是，不要覺得任何一根枝條是堅實的。」

明智的做法就是對自己說：「我不知道，因此在我充分明白之前，不會胡思亂想。」這將為我們省去很多憂愁與不必要的情緒起伏。

宿命

亞歷山大

在一間醫院裡，一位男子為我上了珍貴的一課。

他罹患了癌症，生命就像關不上的水龍頭一樣，一點一滴溜走。

他一邊吞雲吐霧，一邊對我說：「你知道嗎，我的人生生來就該搞砸……」

我們該如何脫離這種預先宣告成敗、根本上的悲觀宿命論？該如何在欲望和貪婪之中，為自己的人生引入自由？

這將是個快樂而美好的挑戰！

自由（及其陷阱和限制）

克里斯多福

做為精神科醫師和心理治療師，我經常將某些疾病視為自由的喪失：恐懼症限制了我們的行動自由，憂鬱症扼殺了我們的決定和行動自由，上癮使我們被奴役……事實上，所有這些外在自由的喪失，都根源於內在自由的喪失，苦難和恐懼是我們最難逃脫的無形監獄。

然而精神疾病不是限制我們自由的唯一原因，日常生活也為我們帶來了許多陷阱：習慣和儀式感的陷阱（我們總是以相同的方式思考、行動和生活）、日常瑣事的陷阱（我們將大部分的精神和體力投入到必要但瑣碎的任務上，而忽略了真正賦予生活意義的元素）。後面提到的這種自由喪失，對我來說非常值得討論：針對人們思考內容的研究顯示，我們大部分的內心世界，是由各種瑣碎想法組成的，其中有涉及個人生活的層面，例如支付房租、清除垃圾，也有涉及工作職場的層面，例如回覆電子郵件、準備會議等等。

花時間將內心的世界轉向其他事物：欣賞自然、思考自己的理想、帶著感激之情或同情心進行靜心、為活著而感到喜悅……這些都依然是個人決定，雖然看起來並不複雜，但我們卻很少在生活中如此實踐。這種內心的自由，使我們選擇繼續成為一名人類，而避免讓自己轉變成資本社會裡的勞動者兼消費者——這也是我在自己生命中行使的一種內在自由。

當我研究內在世界的問題時，我發現當代的生活方式使我們「外化」，使我們與自己的內心疏離，並使我們的自由受到限制。與自己內心對話的需求是人類所普遍擁有的，我們的討論不只涉及富裕人群（那些享受最大的物質和政治上的舒適感，並且希望把內心的自由打造成像舒適的繭一樣的人），那些因為經濟或其他實際原因而被排除、被奴役的人，一樣也可以從中受益。將內在自由與階級混為一談，是一種使現實變得貧瘠的思考偏見，內在的自由與每個人都息息相關。

終極的自由

馬修

在佛學中，我們談到自由有兩個不同的層次。第一種層次允許人們專注於精神上的修練：擺脫阻礙開悟的任何事物，尤其是那些瑣碎的擔憂和掛念，因為它們只會日復一日的分散我們的注意力，直至我們離開人世。第二種層次則能使人擺脫苦難及其根源，脫離困擾我們並使思想蒙上陰影的混亂狀態和精神狀態。從這個角度來看，終極的自由可說是覺醒的代名詞。

這裡談的自由，與所謂「只要我喜歡，有什麼不可以」相去甚遠。我經常想起在英國廣播公司的採訪中，聽到一個年輕女孩說：「對我來說，自由就是去做所有在我腦海中出現的事情，而且沒有任何人會覺得這有什麼不對。」這種宣言等於是自願成為自己腦海中狂野思想的奴隸，她的觀點從根本上來說，帶著極端的個人主義，因為她根本不在乎別人的需求。

真正的自由在於能掌控自己的思想，而不是讓自己隨著思想而漂移。一名優秀的水手可以控制自己的船舶，自由導航到選定的目的地，而不會隨狂風和海流漂移，終至擱淺。換句話說，獲得自由就是脫離「自我」的專制、擺脫種種因習慣形成的條件反射。

因為幾乎我們所有人都曾被自己的精神迷失、條件反射、衝動、內心衝突、錯誤的想法、情緒起伏給玩弄於股掌之間，而這些控制的力量是許多折磨的根源。我們該如何拒絕這些機制，並從這些使我們感到無能為力，甚至使人屈服的心牢中走出？這其中最主要的困難，來自於缺乏「辨識力」——我們無法識別出在背後推動問題的心理齒輪，也無法辨明究竟是哪些想法在奴役自己，我們往往缺乏智慧和使自己重新獲得自由的能力。因此透過更深入了解自己的思維方式，並理解幸福和痛苦的機制，我們可以逐漸獲得內在的自由。而這種洞察力必須與「修心」相結合，讓我們的大腦在面對內心衝突時，能輕鬆聰明的應對。

有人認為，在進行靜心或在禪院閉關的過程中，「遵守紀律」會使人失去自由。但是他們可曾想過，運動員或藝術家不也會花上許多時間進行自我訓練，而非躺在沙灘上曬太陽嗎？若一位攀岩初學者在教練的建議下，花上幾個小時在攀岩場裡練習，這是一種對自我自由的犧牲嗎？對我而言，能花費時間在與世隔絕之處，練習培養仁慈並理解自己的心靈，而不做只會導致更多混亂和痛苦的事，這是一種無上的喜悅。

內在的自由賦予了我們強大的力量，使我們不容易對自己的想法屈服（這些思想有時會以敵人的身分出現），也不會因不斷變化的外在條件而迷失方向。我們不會再過度專注於自己，而更能向他人敞開心胸，內在的自由很自然透過仁慈來展現，而每個人都能在其中有所得益。

轉念

亞歷山大

希臘哲學提出了一個非常美麗的概念：「轉念」。

這是一種作用在自己身上的努力，是一種私密而深刻的轉變，旨在從根本上調整自己，以擁抱一種新的生活方式，讓自己免受毀滅式的激情、條件反射、自私和習慣的束縛。

向前走，做出改變，離開充滿壓力的環境，解放自己、他人，乃至全世界。

耐心

亞歷山大

為了不使我們的精神狀態和當下的憂慮反過來定義自己，最好放開「想要當場馬上解決問題」這種野心勃勃的心態。有時我忙於多項任務之間，因此會提醒自己：欲速則不達，為了前進得更快，我必須放慢腳步。在動盪的狀況下蹦跳前進，等於是冒著踏錯腳步和犯下愚行的風險。為什麼就不能不著急呢？如果我沒解決所有問題就先上床睡覺，一定會導致災難嗎？

為了學會耐心，我們需要積極的走出內心、打破無為、採取行動。不久之前我期待著醫院的消息，但電話遲遲沒有響起，恐慌因此隨之而來。此時我想起了禪宗的訓示，教導人們全心全意的沉浸在行動中，於是我拿起了一支掃把，整理了房間。然後，我進行了靜心，將自己的修練奉獻給全世界所有正在遭受苦難的人。

＊延伸參考關鍵字：急躁（一八七頁）

他人的眼光

馬修

要尋求內在的平靜，就不該仰賴別人對我們的看法，以及別人對我們的形象、對錯所做出的判斷。我的第二位導師頂果欽哲仁波切常說，無論令人感到愉快或不愉快、友好或敵對，事實上，所有話語都只是一些回聲。如果我們對著深谷大聲喊出侮辱或讚美，當回聲入耳時，我們會感到受傷或受寵若驚嗎？有些人說著甜言蜜語，內心卻帶有惡意，另一些人說著逆耳之言，心裡的意圖卻是仁慈的。我們可能在早上聽到讚美，但是到了晚上卻受到侮辱。如果我們每次都把這些話聽進心裡，就會不斷的被煩擾。

不對我們聽到的回聲做出反應，並不意味著陷入冷漠或麻木不仁，這僅僅意味著不再將自我做為奉承和嘲諷的目標。達賴喇嘛常說：「有人稱我為活佛，這是荒謬的；也有人稱我為住在和尚身體中的豺狼或惡魔，這也是荒謬的。」這意味著他不認同活佛、惡魔或其他任何自我的表象。他知道自己內心深處棲息著內在的和平，這份和平牢固建立在對自我本質的認知上，因此不會受到批評和稱讚的影響——這些話語只會影響「自我」，而達賴喇嘛並不認同這個自我。

心靈的本性就像天空一樣，不受塵土飛揚的打擾。當然，用說的比實際做到要容易得多，但是可以肯定的是：我們越努力朝這個方向前進，就越不容易被他人的言語和目光影響。

成見

亞歷山大

尼采在《歡愉的智慧》一書中寫道，研究哲學就是打擊愚蠢。每個人都在生命中攜帶著像艦隊一樣龐大的觀念與投射，這些成見是如此堅實，因此這些人最終只能生活在自己的世界裡，像是被鎖在電影院中，遠離他人、真實的自我，以及現實世界。

若要打擊愚蠢，就必須仔細思考自己內在堅信的信念，看看我們是如何被某些自以為確知的事情所束縛。社會學家皮耶．布赫迪厄也為我們提供了一種厲害的工具，讓我們可以輕鬆的奔向自由，他向我們提出了「習性」這個概念：習性是「一種行為方式，是特定社會群體中，個人的、有意識且自願的行為」。看看在我們身邊有如此多的影響力形塑著我們、陶冶我們、鎔鑄我們。

從童年時代起，我們就沉浸在一個大環境裡，從中汲取出閱讀世界、感受和生活的方式。即使在成年之後，這些童年的經驗仍會在我們的生命中扮演重要角色，並且常常促使我們做出某些特定反應。如果認為想要完全推翻過去的生活是徒勞的，那麼至少清醒的觀察一下自己的習性，並從觀察中獲取前進的力量，避免陷入自我防衛、舊習、常規模式、恐懼，以及從未實現的渴望之中。

嘆息

克里斯多福

「我們嘆息時做的每一件事，都被虛無所沾染。」作家克里斯提昂·博班的這些話對我來說是一個啟示，並成為我每當忍不住想要抱怨時，就會對自己重複的一句口頭禪。不要讓嘆氣和抱怨來浪費自己的時間，我們該對自己說：「無論現在正在經歷什麼，至少你當下都還活著！難道你寧願不存在而因此不用受苦嗎？」

博班的這些話不僅優美，而且是被科學證實的：在付出相同努力的情況下，將其視為瑣事並抱怨的人，會感受到更多痛苦、得到更少樂趣並收穫更少成果，這就是所謂心態的影響。曾有學者針對大約八十家大型旅館的清潔人員進行研究，研究人員將他們隨機分為兩個小組，並告訴這些清潔人員，這份研究的主題是工作對健康的影響。他們同時向實驗組提供了另一項資訊：「我們相信你的工作對健康有益，因為它可以充分提供給你所需要的運動量。」（事實上這也是真的，只要他們工作的分量不太超過的話）在為期四週的實驗結束後，研究人員發現收到這項資訊的人，其健康狀況有所改善：他們的體重減輕、血壓下降了。看到自己的努力對健康有益，這也對他們產生鼓勵。民間智慧還告訴我們：我們無法總是得到自己喜歡的東西，但是我們可以喜歡手上拿著的東西。

善良

馬修

善良是真實活著的唯一途徑。

善良使我們能與自己的內心深處達到和諧，使我們不被疑惑、惡意、傲慢、嫉妒等心理問題所困擾。

然而許多惡念往往將我們推離自我和諧的狀態，並扭曲我們看待他人的方式。

不完美

亞歷山大

誰說我們必須完美才能被愛？正是在自己最不擅長之處，我們才能有最驚人的成長。我必須每天讓舊的自己死去，同時記得避免不斷批判自己，並放棄一切我執，才能重獲新生。

對於那些每天活在掙扎之中的人來說，無論是脆弱、疲勞、病痛還是殘障，世界上任何的不完美，都不該讓喜悅消失——認知到這件事，實在是令人鼓舞。

我們要不斷重複練習接受無常，因為一切都是短暫的，甚至連痛苦和不幸都能轉瞬即逝。史賓諾莎的一句話恰好解釋了我想說的道理：「盡己所能，並保持喜悅。」

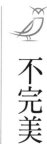

第八章

靜心冥想

分心

亞歷山大

我們的大腦習慣於分心，而難以靜心沉思，基本上我們可以說，寧靜安詳不關大腦的事，大腦天生具備的功能是判斷、譴責、比較、自尋煩惱、沉浸於過去、期待、妄想，以及神遊物外。

明就仁波切一天中會有十次中斷靜心，然後發現：「啊，好吧，我根本在『不靜心』。」也就是說「我完全分心了」。

能注意到自己分心，本身就代表自己的意識處於非常清醒的狀態，因此我們可以從這裡開始追求自由。腦袋中日以繼夜運轉的種種齒輪，往往讓我們疲於奔命，因此我們該試著用最寧靜、平和的目光，幾乎是帶著笑意，檢視這些繁雜瑣事：「哎呀，原來我對生命是這樣想的。」「哈！就是這個惹人厭的小雜念，害我一整天不得安寧。」

訓練自己的心靈，意即在不懷抱著自戀情緒的情況下，好好觀察自己的想法，檢視大腦這個威力無窮的心靈代言人。

＊延伸參考關鍵字：靜心（二〇九頁）

靜心

馬修

根據梵文和藏文的詞源，「靜心」一詞的意思是「修養」（也就是與我們談到的「修心」相呼應），但也同時是「變得熟悉」。因此，靜心的形式可以和「修心」的方式一樣多元，而兩者的共同點是意識到自己心靈的存在、專注、清晰和穩定。

如果想要培養專注和仁慈，我們首先必須熟悉這些特質，讓自己在訓練過程中，以明確的意圖持續修練，變得越來越專注、越來越仁慈。我們同時也必須熟悉新的自己，認識自己的思維以及看待世界的方式。最後，我們還必須熟悉自己的本性。然而我們常常難以做到這點，因為本性往往深藏在自己編造出的種種戲碼，或是就像亞歷山大常說的「內心廣播電臺」後面。

在靜心中，我們將習慣去接觸自己藏在眾多思緒背後的覺醒心靈，並讓自己棲息於純粹的意識中。這種境界的達成與主動的訓練無關，而是一種直接的經驗。靜心的實踐並非「心靈健身房」，而是要消除心靈本質中混亂的烏雲，以便仰望青空。

佛學中有兩種自省的方法：一種是分析性的，另一種則是沉思性的。分析性靜心指的是進行打破砂鍋式的深入研究：事物是恆久的還是無常的？自主存在還是相互依存？造成痛苦的直接和終極原因是什麼？「我」以及「自我」是否做為一個統一的實體並具體存在？或只是約定俗成的一種方便幻想？

一旦藉由分析性靜心得出令人信服的結論，我們就要轉換到沉思性靜心，讓自己的心靈安靜、不被干擾的專注於自己方才得到的全新理解之上，以便讓它像滲透到大地的水流一樣，成為我們心靈的一部分。

在開始靜心之初，我們的思緒往往動盪不安，因此很難完成分析性靜心、培養同情心，並觀察意識的本質，我們只不過是在處理種種思想旋風。因此，正如我們所理解的那樣，靜心的第一步就是要獲得一種安定。這並不是要像用棍子把某人擊倒一樣使自己的心靈昏迷，而是要讓它更清晰、更穩定。這就是為什麼大多數的靜心教人從觀察自己的呼吸開始，因為這個步驟既實用（我們只要活著就會不斷呼吸），又簡單（只是呼與吸的來回運動），同時還很微妙（呼吸是看不見的，如果不全神貫注，我們立即會分心破功），因此呼吸訓練是培養注意力的絕佳方式。但是這種簡單的鍛鍊並不容易，人們其實很容易在一開始就感到挫折，覺得：「我的思緒比之前更紊亂了，靜心大概不是我的菜吧。」靜心不一定能為每個人都帶來成果，但我們可以先開始注意正在發生的事情，看看自己分心的程度。隨著時間的流逝，就像水滴會凝聚為山泉，然後是小溪，最後流入清澈的湖泊一樣，心靈會在靜心中漸漸平靜下來。

幾週甚至幾個月後，我們便可以進行下一步。現在我們的腦袋變得更靈活、更空曠，因此可以像對待訓練有素的駿馬一樣駕馭它，例如我可以對自己說：「開啟同理心模式。」在靜心的進程中，我們必須尊重這些步驟，想要一蹴而就是沒有意義的，如果我們想在心靈還沒準備到位時，就強迫開啟「同理模式」，我們不但不會培養出同理心，反而只會分心。

我也可以自問：「最終究竟是誰在靜心呢？是我自己？還是我的意識？」我可以在心中分析這一切的本質，並以一種更帶有思索性、更直接的方式深化我的探詢：「所有思緒的背後是什麼？這份覺醒的自我、純粹的意識，不正是所有心理活動的根源嗎？」從那時起，我開始得以瞥見所有思緒背後始終存在的事物，就像烏雲背後始終存在藍天一樣，而後，我就可以讓心靈安住在這份覺醒的自我之中。

＊延伸參考關鍵字：靜心的誤用（二一八頁）

靜心的好處與做法

克里斯多福

靜心既不是打瞌睡，也不是閉著眼睛思考！想要好好靜心，就必須保持清醒。如果沒有睡好，或是服用了太多的精神相關藥物，那麼靜心的品質就不會很好。我們也必須了解，靜心會改變我們心理世界呈現的樣態。我們沒有要放棄思考、放棄展現出自己的聰明並保持活躍，但我們必須以另一種方式去做這件事。靜心要從對自己進行盤點開始，觀察自己思緒的存在、本質，以及這些想法對我們的影響。雖然這種做法有點像是繞道而行，但是會讓我們更能掌握接下來的路途，以安穩、自在、平和、客觀的心靈，面對自己的內心。

在靜心中還有另一種「繞道」：進行正念靜心時，我們看似暫時退出了世界，但其實在過程中並沒有放棄它，我們只是需要距離，用以觀察自己在世界中的經驗。我很喜歡作家克里斯提昂・博班的這句話：「在這個瞬間裡，我欣喜的聆聽世界發出的噪音，而獨立於外。」靜心中的脫離只是暫時的，我們將重返世界的懷抱，但毫無疑問，會以不同的方式看待它——更加清醒、更加安穩、更加平靜、更加智慧和堅定。

規律的進行靜心，事實上需要一些努力，因此我們必須回答這個問題：為什麼要靜心？

有些指導者會用一種理想化的嚴厲方式提醒我們：純粹的靜心本身不該要有目標，也不該與特定的期望連結在一起，靜心就是為了靜心，句點。

但是大多數人並不是出於好奇，或對異國情調的追求而進行靜心，我們之所以來到此處，是因為我們需要幫助，因為我們處於痛苦之中，因為我們生病了，因為我們清楚看到自己的心理狀態、情緒、行為，與理想相距甚遠。

靜心能在智慧的道路上，帶給我們非常大的幫助。首先是注意力和情緒的穩定性，而此二者是培養辨識力的關鍵，然後是意識的擴展，因為靜心就是平靜且自願的向他人和世界敞開心胸（這點與被迫分心非常不同），去了解他們的重要性、他們的歸屬，以及他們與我們的相互依存關係。

靜心讓我們能以某種方式，用外部眼光看待自己所處的世界，因此將我們從自我中解放出來，並轉頭望向世間其他一切。

從自我解脫，為他人服務

亞歷山大

靜心就是讓自己在沉思的體驗之中展開，重新實踐傳統上精神修持的世界觀：放棄擁有、放棄掌握，同時不拒絕任何可能性。

基督教的神祕主義前輩牽著我們的手，帶領我們超越擁有、掌控和拒絕，而這是一種獨特的經歷……平時那個喜歡掌控的「自我」溜走了，而我們與世界的另一種關係則悄悄浮現。與佛教徒一起，我們將自己奉獻給世界，停止處理「自我」不停拋出的芝麻綠豆小事。

在被不滿的情緒所籠罩時，我們很難不將他人、自然、甚至生命本身視為一種工具、一根拐杖，或者一間龐大的購物中心。然而當我們能更深、更廣的實踐靜心時，面前的阻礙也就自然而然被清除了。

如何結束自己狂妄的思想？叔本華談到了「生存欲望」，這是一種透過我們的存在而實現的意志，盲目又貪婪。所謂「精神的冒險」，大概就是逐漸去除這種無法撲滅的貪念、這種渴望的狀態。看看利益、欲望和期待如何導致我們與美麗、輕盈，以及生命中唾手可得的每一個時刻分離，這不是件很瘋狂的事嗎？試想，如果一個人正遭受飢餓的折磨，即使走在全世界最瑰麗的一條街上，這個人只會四處張望著餐廳、速食店，不停尋找街角的披薩攤，而對其他所有商店視而不見。因此，在這樣的狀態下，人不可能獲得滿足、休息，以及內心的和平。

靜心也是讓我們試圖與自己、與他人、與日常生活之間，建立起不同的關係，以使自己對生命的品質和品味保持開放，並獲得內心的空間。繼埃克哈特之後，伯格森告訴我們如何區分表面的自我（社會性自我）以及人的內心本質。精確的說，靜心和祈禱可以讓我們逐漸下達內心深處，離開反射行為，告別內心的角色扮演，而重新找到自己的身分認同。基督徒談論「心靈的戰爭」時，也曾提到自我、誘惑、妄想和使自己被操縱的傾向是如何難以根除……

為了具體指出一些可行的道路，我在此分享自己長期以來一直使用的「修心工具包」：首先，要減少「內心電臺」發出的噪音，我們必須仔細聆聽世界的聲音——讓耳朵打開來，聽聽喇叭聲、孩子的笑聲，甚至聆聽寂靜，聽取環繞我們周圍的一切音響，讓自己能擺脫內心的小劇場，向整個宇宙敞開胸懷。傳統上認為，大慈大悲的觀世音菩薩在關注他人與用心聆聽痛苦、哭泣和絕望的過程中，得到了無上的覺悟。因此我們應放下分析、比較和評論的思維，回到理性，回到感知。其次，觀想身體的各個部分，以便使其一一放鬆：看看自己的手、腳、腿、臂，這具身體無論有多麼不堪，都能肩負著我們，走向覺醒。我們不該再將身體視為重擔、視為崇拜的對象，或者視為心靈的負擔。

接下來，我們可以在不進行判斷、不拒絕也不掌控的情況下，觀察橫越我們腦海的無數思維、情感和情緒。而最後一個步驟對於實踐靜心、超越自我至關重要：讓我們將慈悲、關愛、良善與仁慈帶給眾生！

靜心是脫離負面情緒，也是超越自己，最重要的是為所有人的利益而努力。在軟墊上坐下，躺下來沉思，這不是退出世界，而是將自己獻給世界。

靜心的誤用

馬修

靜心的方法如果不是以無私的動機來傳授，就很容易為自私的目的所用。讓我們用兩個有點誇張的例子，來理解在靜心的同時忘記培養仁慈，所可能帶來的風險：狙擊手和心理變態。

如果單純從技術層面來看正念靜心，「在當下保持高度專注、留意不斷發展的事態，不要輕易下判斷」，那麼狙擊手完全符合這個定義——他的目標是擊殺某人，因此必須練習專注於當下、不被自己的情緒影響，同時他完全沒有判斷力，也不會懷疑殺人是否正確。而缺乏同理心的心理變態者，也可以不經過任何判斷的專注於當下，以無情的手段施加於他人身上。但是，殺手不會在正常社會中找到工作，所謂仁慈的心理變態也不存在。因此我們在書中提出「仁慈的正念」，並不是刻意要使概念複雜化，而是要避免純粹出於功利甚至負面目的，將靜心工具化以進行剝削行為。

在正念減壓（MBSR）、正念認知療法（MBCT）和其他經過詳盡研究的心理措施中，仁慈絕對是重要的元素，然而現今社會中，各式各樣的怪象層出不窮，因此我們要記得秉持預防重於治療的原則。

順其自然

亞歷山大

如果必須毫不猶豫的用一個詞來概括靜心，我會選擇「順其自然」。

在內心戰場深處的混亂中，我們要勇於體會無能為力，並且放下自我。雖然事情看起來一團糟，但是沒有關係！順其自然並不是撒手不管、放任自己，而是讓我們能更清楚的區分心理劇場，並察覺自己想法造成的問題，看到生命中真正需要團結、決心和毅力去改善的地方。

精神

馬修

在漫漫冬季中，冰霜凍結了湖泊和河流，曾經柔軟的水竟然變得如此堅硬，以致可以承載人類、動物和車輛；而當春天來臨時，冰雪就自然而然的融化了。冰堅硬而鋒利，水柔軟而流動；水和冰既不相同，卻亦非不同，冰是凝固的水，水是融化的冰。

同樣的道理，我們的心靈有時忍不住產生執著，並把一些自己的判斷（朋友、敵人、吸引力、排斥力等等）強加在現實之上，而後又因為這些假想的吸引或排斥受苦。

而在這種狀況下，靜心能幫助我們融化心理作用的堅冰，讓內在的思維如活水般重新流動。

有時心靈中的一切似乎變得僵固難解，當我們認為自己無法克服某些傾向或焦慮時，總會忍不住覺得自己像是面對著一塊花崗岩、一種無法戰勝的堅硬頑石。這種深深的無力感，往往與某些經歷、記憶甚至創傷有關，但是實際上我們必須理解，在意識的動態流轉中，並沒有持久的絆腳石這樣的東西。

如果我們能學會回到心靈的本質上，就不會被焦慮、仇恨或嫉妒所困囿了，因為對於一顆已經覺醒的心靈而言，這些負面心理狀態顯得格格不入；我們完全不需要特別建構自己的心靈，就可以知道仇恨不是佛陀的本性。

然而，覺醒並不意味著不會再有誤入歧途的風險，因為路尚未走到盡頭，我們還有很長的一段要走。

預設模式

馬修

神經科學家所稱的「預設模式網路」，是指當我們什麼事都不做，也沒有將注意力集中在特定的對象上時的大腦運作方式。從心理學上來說，這個「預設模式」在大多數情況下占主導地位，只要我們不從事某種特定的心理或身體活動，它就會接手進行管理。

這種模式可以帶來內心的寧靜、自由及平和，但也有可能是悲傷、無聊或情緒起伏。我們可以透過「修心」來改變自己的預設模式，檢視一個又一個想法、一種又一種情感，逐漸改變自己的心理狀態、情緒模式，最終甚至可以改變自己的氣質。

當下

馬修

在靜心冥想中，在上一個思想停止之後、下一個思想尚未冒出頭之前，我們能享受到一份內在的寂靜。

精神世界裡的喋喋不休消失了，我們能體驗到「當下」的清新感，而不受偏見、成見和內心小劇場的影響。

*延伸參考關鍵字：靜心（二〇九頁）、當前現實（二二四頁）

當前現實

亞歷山大

有些時候，當煩惱以及對未來的恐懼越演越烈時，我會試圖回到「當前」的架構中，對現在面前的事物敞開心扉，仔細觀看並品味：在這一刻我沒有心臟病發，事情還沒有全部搞砸，我們總是會有進步的可能。

＊延伸參考關鍵字：當下（二二三頁）

「反應」與「回應」

克里斯多福

正念靜心的教學者可以很輕易區分「反應」和「回應」兩者之間的不同。「反應」是立即且衝動的，而「回應」則較為沉穩、經過思索。在生活中，我們兩者都會用到：有時需要快速做出「反應」，有時則需要冷靜做出「回應」。但是做出「反應」不太需要付出努力，因為反應基本上屬於本能（例如以牙還牙）；做出「回應」，尤其是在涉及到自己的情緒時，則需要經過學習。

規律的練習正念靜心，可以為我們帶來一系列不可替代的經驗。當我們與病人一起打坐時，我們會向他們解釋，如果鼻子搔癢或小腿抽筋，他們當然會想要抓撓或移動，但是我們也要求他們，不要像往常一樣立即去反應：在做出動作之前，花一點時間觀察自己的狀況和經驗。嘗試深呼吸，觀察搔癢或抽筋的確切位置和劇烈程度，以及這些生理現象所觸發的想法（「我忍不住了，必須做點什麼」）、對身體的指令

（想伸手去抓撓時，手臂是緊繃的嗎？在抽筋之前，我們已經開始原地扭動、想要改變位置了嗎？），然後觀察一小段時間，看看自己是否仍然需要抓撓或移動，或這種生理感覺是否已經改變，甚至是否消失了。因此請嘗試花點時間做出「回應」，而不是立即做出「反應」。使病人感到驚奇的是，藉由在服從衝動之前花點時間意識自己的狀況，這種狀態（搔癢或抽筋）或心理感受（「我必須做點什麼」），有時就能輕易得到改變。

這是一種很好的訓練，讓我們從簡單的情況開始，慢慢學會處理更複雜的情況——尤其是如何面對與情緒有關的衝動，而其中最重要的就是恐懼或憤怒。因此，定期靜心等於是給自己一個自由的空間，讓自己得以在「反應」與「回應」兩者之間進行選擇。

要創造這種自由的空間，我們必須專注於當下，觀察正在發生的事情，提醒自己不要做出立即的回應，練習更容易辨別此時此刻的重要事情是什麼。這是一種鍛鍊智慧的好方法！

猴子

亞歷山大

佛家將人的心靈比喻做一隻興奮過度的小猴子，牠從一根枝條跳躍到另一根枝條，永遠靜不下來。

靜心練習非常簡單，毋須改變自己的心靈，只需要安靜的看著它上下起伏就好。

神經可塑性

克里斯多福

神經可塑性是指大腦在我們一生中，改變和進化的能力。這是在生物學——具體來說，是在解剖學的層面上發生的，而這種自我重構，是大腦網路被不同的精神事件、行為、情感、生活經歷等反覆刺激後，重塑自己的神經突觸途徑的能力。神經科學研究顯示，我們無時無刻不在學習：每一個當下、每一個動作、每一次互動，都是我們大腦以某種方式發展並劃定「神經傳導途徑」的機會，而這些傳導途徑若是被經常使用的話，就會成為我們思想和情緒在腦中必經的高速公路。因此，這件事可以促使我們思考一個重要的問題：在日常活動中，我們提供給大腦哪些營養？我們的心靈一直在不停訓練著自己，而我們卻沒有意識到：當我們將注意力集中在某些事物上，將自己沉浸到某些環境中時，大腦會以接觸到的這些東西為基礎而進行發展。

因此我們需要了解一件重要的事：任何大腦活動都會留下痕跡，每次重新攪動心中的憂慮時，都會增強自己擔憂的能力；每次重新反芻仇恨時，都會增強自己感受仇恨的能力；每當我們讓自己的思想分心溜走時，我們就會增強分心的能力……這些都是無意為之、但極其有效的「修心」。同理可證，每次憤怒的爆發或每次恐慌來襲，都是在為下一次的發作做準備，一旦再度處於大致相同的情況時，這些負面情緒就會不可抑止的來襲。

因此最重要的是，不要撒手讓自己的大腦「運行這些程式」，在注意到某些負面情緒出現後，要立即停止反芻。我們可以藉由一些能對抗情緒的活動，例如散步、與他人交談，甚至寫下自己的感受，以澄清內心並擺脫情緒，讓情況不會那麼糟糕。如果感覺到自己的憤怒即將發作時，請迅速退後一步，並執行以上的步驟。相較之下，恐慌發作的情況更為複雜，通常需要專業治療師的幫助，治療師會向我們說明如何阻擋這些情緒，例如學會緩慢的呼吸，不以自我為中心，而是保持對外界的關注，並注意不要以焦慮的方法去解釋自己的狀態。因此，首先要做的就是阻止這些「程式」，避免那些會加重我們情感痛苦的「野蠻修心術」。

第二步，在「真實環境」下測試新學會的程式，例如在行為療法中，我們會說，要面對引發恐懼的情況，但不要服從恐懼——如果對空曠的空間有恐懼症，請試著待在空曠的地方，練習平靜的呼吸，但是不要逃避。隨著每一次成功的對抗（也就是沒有逃避），我們所選擇的訓練程式（面對空曠）就會得到分數，而我們原本自動服從的程式（也就是逃跑）相對會減分。這解釋了為什麼這段過程會有點漫長：如果我一生中經歷過四十次恐慌發作，那麼我會需要至少四十次成功面對「帶來恐慌」的情況，才能漸漸打平「產生恐慌」和「反對恐慌」這兩種程式的分數，讓自己的反應一點一點從驚慌失措轉變到保持鎮定、平靜的呼吸。面對憤怒也是如此，若是能在面對刺激性的情況下維持不生氣，我們的情緒調節程式就會因此變得更厲害——「這件事情實在非常令我抓狂，但我知道如何保持鎮定，並能從容的說『這真使我抓狂』。」這種反應會漸漸變得越來越穩定，直到有一日能優先被大腦採用，並將「如果繼續這樣下去，我要毀了世界！」的舊程式拋棄。

我們「修心」計畫的第三步：增強有利於積極情緒的大腦迴路——欣賞、愛、協助、花時間品味生活，並加深寧靜與和平的時刻。逐步加強這些功能，讓自己可以自然而然的感受到正面情緒。

第九章

傑出人物與經典智慧

佛陀

馬修

佛陀不是神祇，也不是預言家，亦不是聖人，只是一名覺醒的人類而已。他所傳下的佛法是一份指導手冊，讓我們可以藉由自己修行，達成覺醒。

佛陀曾如此說：「我向汝示現佛道，但修行在個人。」他教導我們要探尋苦難的緣由並化解之——不僅是對人而言顯而易見的苦難，還有因為世間諸事變化而引起的苦難，也就是各種因緣變動不居、難以恆常所引起的潛在性苦難。只要我們一天不根除苦難的深層原因，例如憎恨、衝動的欲望、缺乏辨識力、驕矜與嫉妒等等，苦難將無所不在。

除了上述的重要原因之外，事實上，苦難最主要的來源是我們被「無明」所屏蔽，因此無法看見世間萬物的真實樣貌，一直讓自己沉迷於扭曲的現實中，將無常視為恆常、將空視為有、將相互連動變化的因緣視為毫不相關的獨立事件。

佛家也將最高真理、絕對真理與相對真理、慣例真理區分開來：絕對真理是渾然一體的，超越智識、主客體、有無生滅、智慧、同情；而相對真理屬於現象世界，不可避免的必須服從因果律。

佛家對所有感興趣的人打開大門，但並不主動傳教。佛陀曾經說過：「不要僅僅因為尊重我而接受我的教導，你們該仔細的檢閱並思考，就像人們對待黃金時，千錘百鍊以檢驗其純度那樣。」

達賴喇嘛

克里斯多福

達賴喇嘛常被奉為現代的聖人，而在我看來的確如此。他具有仁慈、好奇、審慎等特質，不會太快下判斷，並且以謙卑的心面對事實。達賴喇嘛甚至還很有幽默感，而一個常帶笑容的智者，總是比一個多愁善感又嚴肅的聖人，更能激發起我的自信。
喜愛笑容就是喜愛生活，如果智慧不能幫助我們熱愛生活，那麼追求智慧的意義何在？

邱陽創巴仁波切

亞歷山大

什麼樣的哲學思想能經得住考驗呢？歸根究柢，所謂的智者、思想家們，真的能幫助我們度過生活中的種種大災小難嗎？

有一天晚上，我心裡的種種煩擾比往常還要更加噬人，我拿起一本《邱陽創巴仁波切選集》，小心的放置在窗臺上。我知道若我突然興起了要結束一切的念頭，這位心靈治療的大師會挺身而出，站在我所感受到的絕望空虛與真正的終點之間，教導我們如何從「治癒的觀念」入手，為自己療傷。

在某些人的觀點裡，邱陽創巴仁波切幾乎可說是個瘋子，要不然就是個怪人，因為他的作為往往是不協調、不符合常規的。但無論如何，是他開創了佛教思想通往西方文化的道路。邱陽創巴仁波切一九四〇年生於西藏，他大肆撻伐所謂「精神唯物主義」，認為這種粗暴的修行方式引誘人們不斷擴大自我、保護自我、讓人活在安逸的角落裡。於是他積極的另闢蹊徑，提倡「終極精神性」，也就是我們內心深處真實的自己。我們不是罪人，也不扭曲，更不是精神錯亂者，我們所有人都與生俱來的帶著一種寬容，也就是所謂的佛性。

在這份美好指南的陪伴之下，我們能大步向前，走出幻象、追尋夢想、驅逐內心的不安全感。在《主體之心》一書中，邱陽創巴仁波切這位大智慧的益友給了我們一項寶貴的工具，使我們有能力走向自由：「在現階段中，『沒有希望』絕不是『絕望』的同義詞，『沒有希望』的意思只是，我們不主動去製造其他的期望。」

生命中的每一個瞬間，「我」都不斷的生生滅滅，沒有所謂固定不變的「我」，因此也不必花費力量來製造一個屬於物質世界的、永恆的、永不鏽蝕的「我的神話」。只要漸漸學會不要恐懼，就能發現世上存在著兩種信心：其一是相信在世上某處永遠有一件救生衣等著我們、有一個浮標準備將我們從苦海中拉起。另一種更深層次的信心則是，我們意識到自己已經安然的浮在生命之海上，不需要藉助任何設備，就得以向前航行。

感謝我的好友馬修，我有幸能遇見邱陽創巴仁波切的門徒，我請其中一位用簡短的幾句話概括邱陽創巴仁波切這位「持明者」（Vidyadhara）所開創的道路，而我得到的答案簡短有力：「不要害怕自己。」「請將他人永遠放在自己前面。」這些話語中不包含任何的自虐意味，甚至正好相反，我們應該從專制、想掌控一切的自我中超脫而出，找到生命幸福的機制，成為擺脫自我中心主義、自由自在的菩薩。

＊延伸參考關鍵字：嚴肅的心（一八六頁）、精神的技師（二四九頁）、覺醒的社會（一七八頁）

智慧的女性

克里斯多福

如果要改變世界並使眾人變得更加有智慧，我們就必須用公允的角度說：「人們不能繼續只從留著鬍子的老男人身上尋求智慧，就算他們再穩重、人再好，都一樣！」

為什麼我們要在這本書裡提出「智慧的女性」這一個關鍵字？而且，我們並沒有收錄「智慧的男性」，這件事本身是不是有點問題？

在從事這本書的寫作工作時，我意識到，人類社會中曾經存在許多睿智的女性，但她們都從由男人書寫的歷史中被抹去了。

我們尚且記得古希臘預言家、神職人員狄奧提瑪，和法國思想家、社會運動家西蒙・韋伊，但有多少智慧的女性在歷史中被我們遺忘？我們記得的，通常僅限於奉獻於宗教領域的女性：聖赫德嘉・馮・賓根（十二世紀的德國神學家、音樂家、作家、女修道院長、哲學家、博物學家）、聖女大德蘭（十六世紀西班牙天主教修女、作家、神學家）、聖女小德蘭（十九世紀法國修女）和艾蒂特·史坦茵（德籍猶太裔現象學哲學家，喪命於奧斯威辛集中營）等人，而我們的時代應終止這種對智慧女性的無視（有時甚至是妖魔化）。

許多智慧的女性人物都曾是受害者，而女性科學家或藝術家也是如此。古希臘女預言師的西比拉神諭啟發了當時最偉大的人物，卻被時人認為瘋癲。中世紀擁有醫學知識的女性，被視為女巫而遭受監禁迫害，只因為這些女性都對男性力量造成了威脅。

我們在歷史上賦予女性唯一的智慧角色就是「助產士」（注：sage-femme，字面意思為「智慧女性」），源自於她們能一次又一次的傳遞關於生育、母性、照護的知識。因此，改變世界、增加智慧，必須從公平的眼光開始。

力量

亞歷山大

在混亂的道路上一步步朝著平靜邁進時，我總是忍不住遲疑，而無法勇往直前。此時艾蒂．希勒桑就成為我的心靈支柱。

在面對集中營裡的死亡時，她發現自己的內在能保有自由，認知到無論在什麼情況下，我們都可以培養一種信念：「我將會擁有力量。」

這個信念並非盲目樂觀，也不是利用暗示療法（庫埃法）鼓舞自己，希勒桑的心裡非常肯定，即使身處最大的苦難之中，我們內心深處依然存在一個完好無損的部分，而且沒有任何事物可以汙染這個領域。

我們該怎麼在種種人生的歷險和滄桑之中，不要忘記這個奇蹟呢？

＊延伸參考關鍵字：艾蒂．希勒桑（二四二頁）

整體健康

亞歷山大

在面對殘障、慢性疾病、精神障礙或難以治癒的傷害時，我們無疑需要一種強大的生命藝術做為後盾，而尼采關於「整體健康」的想法，或許對此會有所幫助。

尼采在《歡愉的智慧》一書中，談到了「整體健康」這種永不僵化的知識，能處理生命中的各種高低起伏。有時候當我從診所走出來，被告知自己的情況絕對無法改善、已沒有什麼可以做的，此時我會告訴自己：這正是挑戰的起點。許多處於良好健康狀況的人，不會有這方面的思考，但在無助的情況下，為了不永遠喪氣沉淪，我們必須使自己的生活充滿動力。

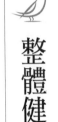

我能做些什麼？在此時此刻，我應該採取什麼行動，才能讓情況不會惡化，從而使生活能繼續展現最好的一面？

我每天早上起床的第一個念頭，就是排山倒海而來的「我受夠了」。我已經厭倦了這種持續處於疲憊的狀態、處理那些不會改善的問題、必須天天自嘲才能面對生命……但即使身處於這種混亂之中，我也可能找到自由嗎？讓我們從不為自己加戲、不厭倦自己「厭倦的情緒」開始，逐漸採用一種能讓生活中每一刻都感到幸福的藝術。

尼采一生都飽受疾病所苦，他告訴我們，氣候和住所的選擇對於「整體健康」至關重要。他同時也警告我們，不要成為死氣沉沉的人，因為這是對聖靈的真正罪過，並且會讓我們充滿成見。尼采還有個很棒的建議，就是讓我們盡可能少坐著，要在戶外活動中充實我們的心靈，保持生命的活力。在他看來，食物的選擇、氣候、居住的地方，以及自我重新調整的方法，對「整體健康」來說都非常重要。

儘管我們必須帶著自己的種種問題過活，但也許有一些環境更利於讓我們解放自我。我們同時是這具肉體，這個心靈，這些肌肉、神經、熱情、渴望。如果讓自己與世隔絕，失去與自然的連結，面對的將會是一條死路。

＊延伸參考關鍵字：混亂（二九八頁）、尼采（二五一頁）

艾蒂・希勒桑

克里斯多福

這是一位傑出的年輕女子，在一九四三年被納粹謀殺於奧斯威辛集中營。她為我們留下了一本記錄集中營生活的日記，其中展現了人在極端逆境中，所可能擁有的最高智慧：對人類永不停歇的仁慈，以及帶著勇氣度過每一天。

我們隨時可能在生命中，遇見像希勒桑一樣的大智慧者，因此，記得身處逆境時不要灰心，而是要盡最大的努力，跟隨這樣的智者。即使與其相隔千里，也要沿著智者已經為我們鋪墊、在我們面前遙遙展開的道路前進。

希勒桑曾在日記中寫道：「我的內心深處有一口深井，而上帝存在於那口井裡。有時我能見到上帝，但更多時候，這口井被石塊和沙礫遮蔽，上帝因此被掩埋，我必須努力挖掘，才能再次見到祂。」如果我們用「智慧」一詞取代她敘述中的「上帝」，道理也是一樣的，發掘智慧是一項必須堅持不懈的清理工作。

希勒桑在書中還談到感染力與模範：「我們唯一的道德義務，就是在自己心中清理出廣大的和平空間，並逐步擴大這些和平的範圍，直到能向他人擴散。每個人生命中存在的和平越多，這個動蕩世界中的和平也就越多。」

有人認為希勒桑只不過是神祕主義者，尤其是她面對納粹的恐怖，竟然沒有反抗，這幾乎是令人難以置信的。事實上，她經過深思熟慮，特意選擇了另一條路，而我們怎麼能輕易的去評判她呢？

耶穌

克里斯多福

耶穌並沒有給我們一個智者的好榜樣。他有時是挑釁的、矛盾的、封閉的、苛刻的、激進的，但這是一件正常的事——因為耶穌不是智者，他是彌賽亞、先知、救世主。

與智者來往可以為我們帶來好處，使自己變得更好（這甚至可以說是我們定義智者的方式）。而先知則容易使我們心煩意亂、受到傷害、搖擺不定，因為先知不要求我們聆聽，而是要求服從與跟隨。我們一定不能違反先知所傳達的道理，否則事情終將以慘敗告終。

因此我們可以說，假的智者比假的先知所造成的傷害要小。

中庸之道

亞歷山大

亞里斯多德在《尼各馬可倫理學》中指出，中庸之道就是完美。

面對不適和不滿，許多人很常會想來個一百八十度的大轉彎。但是，難道在這種情況下「反其道而行」、朝著另一個極端走，不依然是一種欺騙自己的舉措嗎？

自由還是智慧？

亞歷山大

在我從三歲一直生活到二十歲的特教中心，莫杭神父把一本厚實的書遞給了我，我記得自己帶著深深的敬畏，翻閱著書頁。這本哲學指南的紙張發黃破舊，而我當時十四歲，被一堆複雜的病症纏身，不得不面對自己和別人的差異，承認自己的特殊性。我當時意識到自己永遠不會與其他人一樣，因此陷入一種幾乎讓世界靜默的恐慌中，手忙腳亂的試圖找到一些可以攀附的基準。我需要一個指南針，一個方向，而正是在這本笨重的書中，有一章談及疏遠、奴役、毀滅式的激情。作者偶然提到一塊石頭以「自由落體」的方式墜落……「自由落體」，這是多麼有趣的一個詞！在我充滿挫折的腦海中，四面八方都傳來戰場的喧囂，不斷的質問：自由到底是什麼？做自己想要做的事就是自由嗎？還是放任自己的欲望？或者是沒有遇到任何阻隔與障礙？最重要的是，我想知道一個患有腦性麻痺的男孩，人生中有什麼迴旋的餘地？他至少已經逃離了某種明確的命運：在庇護工場裡捲雪茄。但這個困惑的男孩該怎麼做，才能避免被困在自己內心的監獄裡，逃離種種世俗的診斷，以及隨之而來的標籤呢？世界上有命運嗎？一切都是早已註定的嗎？

「自由落體」……我當時就像書裡那塊石頭一樣，沒有對自己的節制，沒有所謂的「修心」，十幾歲的我被嚇壞了，覺得自己走在懸崖邊上，隨時都可能摔得粉身碎骨，陷入完全的混亂中——各種心理情結、自我防禦、害怕被拒絕、搞不清楚自己的欲望……這一切都讓我過著像是機器人一樣的生活。我對不確定性感到恐懼，卻又對可能的機會充滿不安，拚命試圖讓生活變得清楚一些、快樂一些，卻反而讓事情變得複雜。

而我終於在某次閱讀中得到啟發。史賓諾莎在寫給席勒的那封著名信件中，提出了一項診斷：「這塊自由落下的石頭，因為它只能意識到自己的努力，同時並非對自己的努力無感，因此它會相信自己是自由的，並且會相信自己堅持不懈於落下的運動，完全是出自對於落下的渴望。所有人都吹噓著自己擁有這種自由，但這僅僅是因為人們意識到了自己的渴望，而無視決定這些渴望的原因。」

十幾歲的時候，我偶然發現了一個電視節目，節目裡一個專業的哲學家被問到了這個有名的問題。在被要求回答時，他猶豫了——什麼才是最重要的呢？自由、幸福或智慧？真的有必要做選擇嗎？在喜歡的選項前面打一個勾？還是在三者之間建立層次架構，所以不必選擇？當時的我一切都想要：智慧、幸福、自由。

我認為人如果沒有任何的內在自由，就無法合理的希望幸福。當被匱乏、恐懼、種種引誘、條件反應和習慣束縛時，我們如何能破釜沉舟的尋求智慧？在這個問題上，史賓諾莎仍然是一位充滿靈光的醫者。他會伸出有力的臂膀，在歷險中拉我們一把嗎？他的治療方式明確且有效——我們必須解決那些使我們情緒頹喪、影響我們的生活方式、使我們與自己疏離的事情。簡而言之，我們該翦除決定論（注：意指我們的決定、行動都是因為先前的事而有原因的發生，自由意志是不可能的）這種哲學立場，消滅那些推動我們去執著、去愛、去恨、去恐懼、去不斷猜測和預期的力量。

聽了馬修的話，我現在知道智慧與自由是並駕齊驅的。得到智慧的第一步，就是靜靜的識別出使我們日常生活逐漸壞死的「自動駕駛模式」，以便重新對自己有明澈的認識。建立與自己、與世界的正面關係，停止做一個提線木偶，不要再將心靈的遙控器交給外在情境，或交給第一個對我們伸出手的人。精神生活的挑戰在於大膽：和平的大膽抨擊，擺脫反覆無常的「自我」的暴政，並且從「大家」的獨裁統治中解放——這種「大家都如何」的思維常常迫使我們遵循一些會摧毀自己的規範。

史賓諾莎、尼采、佛洛伊德和其他許多人都讓我們上了寶貴的課：自由是無法被給予的；自由必須藉由脫離綑綁、隔離我們的疏離與幻想，在此過程中被建構、被發現。

模範

克里斯多福

模範是指智慧的人物，他們不一定是教導我們的老師，而可能是在某些領域、某些時間中與眾不同的人。模範比我們想像的要普遍得多，若是想要從他們身上學習種種智慧，就需要先學會如何「欽佩」。懂得欽佩對我們大有好處，維克多・雨果曾寫道：「在『欽佩』之中，有一種難以名狀的能力，可以讓我們更強健、更有尊嚴、更有智慧。」欽佩美好的人類行為，可以幫助我們體驗到學者所謂的「提升感」。

心理學家強納森．海德特在他的實驗室研究了這種現象，發現當欽佩與道德行為（利他行為或溫柔）有關，而與表演（體育、藝術或知識）無關時，會刺激我們的副交感神經系統（使人放鬆和平靜），並引起催產素的分泌——催產素是一種神經傳導物質，可改善我們的社交能力，以及提高對周遭他人的感情。

欽佩可以啟發我們，使我們感覺良好，並讓我們變得更善於與人相處。

精神的技師

亞歷山大

即使在沙漠一般艱苦的環境中，邱陽創巴仁波切都會協助我們前進。他建議不妨從機械技師的角度，考慮自己人生中的重要事項。

對一名汽車維修技師來說，當客戶帶來撞歪的鋼板、碎掉的擋風玻璃、凹陷的車門時，重點不是提出批評，真正該做的是立即進行檢查，並且嘗試修復損壞的部分。

同樣的，讓我們在不為自己加戲的情況下，觀察心中「自我欺騙」的特殊能力。為什麼我們有時會覺得犯錯比死了還慘？是什麼奇怪的力量，將我們束縛於特定的觀點和習慣？

＊延伸參考關鍵字：邱陽創巴仁波切（二三四頁）

尼采

亞歷山大

在那濃密的八字鬍後面，隱藏著一位令人敬畏的大師，他教導我們肯定生命、揮別怨恨、消弭謊言。尼采這位羸弱的哲人，手把手帶著我們邁向整體健康。一八四四年，尼采出生於洛肯鎮，這位倡導「永劫回歸」的先知，所採取的哲學路線並非平坦的康莊大道，他在寫給好友保羅．多伊森（注：德國印度學家、哲學家）的信中寫道：「哲學之路上必須要被震驚，面對本質性問題時，我解除了所有的預設立場。」尼采像是火藥一樣，是用錘子在哲學中開路的人。

如果我們要編纂一份「使用手冊」，某種具有啟發性的「藥典」，那麼尼采可說是這方面的寶藏庫。他用強大的力量，向我們展現對現實充分且完全的贊同；在他的身邊，我們可以找到坦率而清晰的「對命運之愛」（amor fati），這個被他珍藏於心的拉丁詞彙，代表著對命運、對現實和命定的一種熱愛，他提出對現世生命原本形貌的正面肯定，認為人不必希冀遙遠的來世。因此，閱讀尼采就是學習獲得自由，找到勇氣去消滅自我欺騙的暗示，並重新審視推動我們走向他人的原因。是什麼促使我們尋求同伴？一種群居動物的本能？因寂寞而產生的不安？對現實社會的順從？尼采談到「有心理距離的悲愴之情」，我們絕對不應該以為，冷漠的態度可以保持自己的主體性，相反的，我們應該要用輕盈的心情擁抱自己獨特的身體，用無條件的慷慨面對他人，尊重他人的獨特性，不要畫地自限。

發現尼采幫助我們培養一種充滿喜悅的知識，在充滿悲劇、死亡與不公不義的世界裡，我們所需要的不僅是一份全然的接受，更需要一份無條件的愛。這位才華橫溢的哲學家邀請我們走出舒適圈，超越好與壞；他教會我們探究自己的意願，抹除各種不良的想法，並開拓我們的思維，因為「人必須戰勝自己」。

尼采在經歷了十一年精神崩潰之後，孤獨死去。他向所有人發出了由衷的呼籲，要求我們成為自己真實的模樣。我非常喜歡尼采，他與日常生活中的跌宕起伏做了和解：「一個人必須保有內在的混亂，才能凝聚出一顆跳舞的燦星。」

尼采的想法即使有些極端，但依然可以使我們在困境中感到舒緩平和。我在其中體悟到，從狹窄的「個人性」中解脫出來，對生命是一種美好的勉勵。尼采曾經在未被出版的文稿中，慷慨激昂的寫道：「事實上，沒有個人性的真理，只有個人性的錯誤——個人本身就是錯誤！（中略）我們是一棵樹上的新芽，因此我們怎麼能知道，以樹的觀點而言，這些新芽能成長為什麼樣子？但是我們有一種意識，認為自己『想要』且『必須』是這個世界的全部，這樣的想法是一種投射於『我』和所有『非我』之上的幻象。我們必須停止認為自己是這種虛妄的『自我』，逐步學習去拒絕這個所謂的『個人』，並發現『自我』的錯誤性，意識到自私是一件錯誤的事！尤其不要把利他的行為視為利己的行為，那等於是把對個體自我的愛偽裝成所謂對他人的愛！不！超越『我』和『你』的分野！以宇宙的方式感受！」

＊延伸參考關鍵字：混亂（二九八頁）、整體健康（二四〇頁）、成見（二〇一頁）、人類歷史上的智者（二五八頁）、性（二六〇頁）

哲學

亞歷山大

孟德斯鳩在哲學上選擇了簡單直白的一條路，他寫道：「讓我告訴各位一件美妙的事：哲學事實上由這四個字所構成——『我不在乎。』」雖然有許多種方法可以解釋他這番話，不過我覺得我們不該走彎路，並且要避免過度猜測。孟德斯鳩的話讓我想起了邱陽創巴仁波切經常使用的縮寫：「CCL: Couldn't Care Less.」也就是「我不在乎」「關我什麼事」的另一種版本。這位藏傳佛教大師時時提醒我們，除了佛法、內心修持之道和同情心之外，沒有什麼是必不可少、關乎性命的。當心中自尋煩惱的機制開始轟轟運轉時，沒有什麼比「我不在乎」這四個字要更能讓我們脫離苦海了。

根據西元二世紀羅馬帝國的作家第歐根尼．拉爾修的說法，是畢達哥拉斯發明了「哲學」一詞。「智者」是理解並享受安寧和平之人，可以達到著名的「脫凡」狀態（注：一種強大、清醒的寧靜狀態，遠離紛擾擔憂），但是在智者旁邊，還有一種被稱為「哲學家」的人，而「哲學」字面上的意思就是熱愛智慧。因此哲學家嚮往智慧，並用自己的能力朝著智慧的方向前進。康德《邏輯學》中一段著名的文字總結了「哲學」是什麼：我能知道些什麼？我們該做什麼？我能希望什麼？人是什麼？

正如史賓諾莎所說，從事哲學就是不斷的轉變、迴旋、調整方向，並完全擁抱一種能使生命變得更加智慧的藝術，以建立一個明智的自我。

在哲學汪洋的冒險中，珍妮・赫希向我扔了一個寶貴的浮標。這位挽著髮髻的瑞士哲學家，在一本美妙的著作《哲學的驚奇，西方思想的歷史》一書中對哲學發展做了追溯。這是我人生中繼柏拉圖的一些節選之後，遇到的第一本哲學書。

在某種程度上，這本書救了我的命。當時我為了獲得讀書的時間，常裝出病懨懨的樣子，以便在床上多窩幾天，細細品嘗這些迷人的書頁。我在那裡發現了新的旅伴：蘇格拉底、亞里斯多德、聖奧古斯丁、史賓諾莎、齊克果、尼采以及所有使生活如此美麗、輕巧而又絲毫不否認其悲劇性的思想家。如果必須用一種表達來總結哲學這條路，那我將借用史賓諾莎的話：「好好的做，開心的活。」

*延伸參考關鍵字：蘇格拉底（二六二頁）、邱陽創巴仁波切（二三四頁）

智者與精神導師

馬修

智者之所以能啟發我們，不僅是因為其人生中某種特定的作為，更多的是透過他的整體人格、智慧和精神素質，以及他的知識和生活方式。智者在利他行為、道德、一致性和內在自由這些層面，都能為我們提供堪稱完美的模範，並且，一位真正的智者在任何時間和情況下，無論私人或公共場合，都將展現出這些品質。我的兩位主要精神導師，甘珠爾仁波切和頂果欽哲仁波切，無論在謙卑的農民或一國之君面前，都保持著同樣的舉止。達賴喇嘛也是如此，他對待住在旅館樓上的工作人員和國家元首時，都一視同仁。而對於一位精神導師而言，這些品質必須隨著時間的流逝而得到驗證。那些言行不一、告訴人們「按我的話語做，但不要按我的行為做」的教導是不合適的。智者身上的一致性，使他對自己的正直充滿了堅定的信心，不會徒然建立起美麗的外牆，卻被自己在幕後的惡行所破壞。

在西藏或不丹等地的傳統文化中，當我們到達某個地方時，會先詢問該地區的智者住在哪裡，以便能與他們會面。很難想像有人抵達巴黎後，在街上問附近哪裡可以找到智者——人們會以為這個人腦袋有問題，但我們卻可以在巴黎街頭輕鬆詢問到附近的超市或健身房。我聽說有一個來自哥倫比亞高地的科吉印第安人代表團，在抵達巴黎時詢問：「我們想見見你們的智者。」負責接待他們的工作人員面面相覷，無法回答，而把他們引薦給任何一位部長大概也不是他們想要的……「很抱歉，我們沒有這項服務。」

在許多喜馬拉雅佛教文化中，智者仍然是社會的核心。我們不會用對待統治者的方式去尊重他們，而是向他們表示欽佩和景仰。人們會很自然的聚集到智者的身邊，就像蜜蜂聚集在花朵四周一樣，但智者卻不會試圖主動吸引或阻止人們。精神導師是內在自由的給予者，而不是為了自己的利益去尋求控制他人生命的暴君，對於我們，智者沒有什麼好失去或獲得的，他只有不斷的付出。

多年來，達賴喇嘛一直呼籲建立一個由智者、諾貝爾和平獎得主、科學家、傑出思想家和社會企業家組成的國際理事會。他補充，聯合國本應發揮此一作用，然而坐在那裡的代表們自然傾向於捍衛自己國家的利益，因此很難把世界人口和地球的整體利益放在首位。而他認為，這些智者可以就世界上出現的嚴重問題，發表超越國家利益的意見。不幸的是，似乎沒有人對此提案真正感興趣。儘管如此，還是有些人嘗試用比較受限的方式，創建了「元老會」，其中包括前南非總統曼德拉、前美國總統卡特、屠圖大主教、前愛爾蘭總統瑪麗・羅賓遜和其他十餘人，但是當他們邀請達賴喇嘛加入時，卻遭到中國的大力反對，因此沒有成功。元老會不時的開會討論，然而現實世界中並沒有人重視他們的建議，這實在是一件非常可惜的事。

人類歷史上的智者

亞歷山大

尼采在《查拉圖斯特拉如是說》中，曾提到一群沒有牧羊人的羊群。是什麼力量引導著我們、讓我們知所分寸？是獨裁的自我、輿論、市場法則、盲目的利己主義、還是肆無忌憚的個人主義？能問出這個問題，就意味著我們已經朝著自由邁進了一大步。這種「成為內心深處真正自己」的呼籲一直存在，我們應該停止對虛幻的「理想人生」眼紅，用平實的心態，遠離使我們疏離於社會的事物。為了踏上新生活的旅程，讓我們看看那些能啟發靈感，並在必要時會伸手幫助我們的人！

日常生活不時的為我們提供典範。在驚慌失措時，我喜歡在腦中去思考那些擁有特殊能力、能超脫痛苦的人們。除了那些樂於滋養我、支持我的哲學家之外，我也擁有許多益友，他們無所不在的證明生活的美好。讓自己敞開心胸、重新與人連結，意味著重返學校、讓自己受到教導與感動。而每一日的生活都會帶給我們一些累積：地鐵上的微笑、專心傾聽的耳朵、對我們伸出的手，這一切都是某種教學，並且能幫助我們卸除自我防禦，以便在與他人的關係上獲得進展。斯多噶學派哲學家皇帝馬可·奧理略記錄他從朋友、父母、眾神那裡得到的思想，著作了《沉思錄》，我們自己是否也能進行這種充滿感恩的活動，並看到他人如何創造我們、滋養我們的思想、進駐我們的心靈？

性

亞歷山大

尼采在《善惡的彼岸》一書中寫道：「下半身是導致人們難以自認為神的原因。」尼采這句話所說的不只是男性，女性也是，世間男女身上飽含了智力、情感、理性、激情、動力等等。而愉快的自我控制，則在於學會擺脫貪婪、渴求和欲望的吸引，並以沉著的態度思索並面對選擇。當我們一早醒來，而不感到任何的匱乏、需求或期待時，生命是多麼甜美而輕鬆呀！就像邱陽創巴仁波切所說的那樣，當我們處於矛盾的時候，就是必須對自己進行訓練的時機，讓理想的心理狀態成為現實，而不要希望等到自己已經趨近完美，才願意開始追求和平！愛比克泰德建議我們「像清風拂過一般」的做愛，沒有暴力或執迷，不會過度縱欲或操心煩惱，也沒有任何性怪癖。

有些人會鄙視身體、貶抑身體，這等於是在不曾使用這部珍貴儀器的情況下，空口說白話的發出譴責。法國哲學家保羅・利科是以充滿自由的心靈做出這樣的敘述：

「最後，當兩個人擁抱時，他們不知道自己在做什麼，不知道自己想要什麼，也不知道自己會找到什麼。這種將人們推向彼此的渴望，其背後的含義是什麼？是對歡愉的渴望嗎？當然是的，但這是個很差的答案，因為與此同時，『歡愉』本身並沒有意義，它僅僅具有象徵意義。但它象徵了什麼呢？我們有一種生動而模糊的認知，認為性位於某一種力量網絡上，在其中，宇宙和諧被遺忘，但沒有被屏除，因此生命遠不只於其本身。我的意思是，生命不僅是與死亡進行抗爭，也不僅是拖延致命時刻的到來，每一個人的生命都是獨一無二且普遍的，而性歡愉讓我們涉足於這個謎團之中。」

我們都是利科所說的力量傳遞者，而這份能量遠遠超越了我們自身。其中最大的挑戰是，永遠不要執著於掌控這股力量，或將其工具化。般若吉那巴德上師為我們提供了一個寶貴的建議：「愛在於幫助他人釋放緊張感。」而這是最基本、最重要的概念。

蘇格拉底

亞歷山大

在柏拉圖《對話錄》中的《蘇格拉底的申辯》篇之中，柏拉圖將他的老師比喻做一隻馬蠅，會叮咬馬匹的柔軟脖頸，以將其喚醒。蘇格拉底是西方傳統的智者，永不間斷的召喚大眾去認識真理，在文明開始的最初，就提出了著名的「人要認識自己」這個觀念——這是邀請我們走上自我強健之路，而非讓人對自己進行自戀式的檢視。這位雅典的赤腳公民，為我們提供了通往自己內心的道路：他是個天才，但他知道自己一無所知；他是一個打擊偏見的狙擊手，追捕種種成見、預設立場，讓我們不要被困在雜亂無章的環境中。為了使自己擺脫對確定性的徒勞追求，我們似乎需要有人從背後踢我們幾腳，給我們一種不斷向前的力量。而蘇格拉底透過飲下了毒堇汁，為我們上了最後一課：儘管他可以逃跑，卻欣然接受了不公正的判決。他是否像柏拉圖在《理想國》中所寫的那樣，相信「人們發現了自己無法滿足自己，因而促成社會形成」？當蘇格拉底將那杯著名的毒藥靠到嘴唇上時，並沒有被恐懼擊倒，他用生命去實踐哲學，因此這樣的死亡是一種全然的解脫。《對話錄》中的《斐多篇》宣稱，「實踐哲學就是學習死亡」。為了不陷入苦難的深淵，蘇格拉底選擇了一種最高的自我救濟方式，他理解到，即使是那些不誠實、任性、帶有偏見的法官，都依然被善良的信念所領導，沒有人會故意行使邪惡……

如果沒有在人生路上遇到蘇格拉底，我今天可能就不會在這裡了。與蘇格拉底的意外相遇，使我脫離原本看似清晰的人生軌道。有一天我走進一家書店，待我踏出來時，人生已經截然不同了。我那天其實是陪伴一位年輕女孩逛書店，而為了打發時間，我翻開了柏拉圖的《對話錄》，自此，一種呼喚、一項志願在我心中誕生：我想向下挖掘，探索自己的內心深處；這並不是為了「努力活得更好」，而是為了「把自己修養成最好的樣子」。因為我自身的種種問題、懷疑和不幸，我曾經非常討厭書本，相信它們沒有用處。但自從那個時刻起，我幾乎是迫不及待的開始研究蘇格拉底，學習他去質疑看似確定的事情，對生命進行挖掘、測量、試圖去理解……

「為什麼有人生來殘障？」「如果上帝存在，為什麼他會離開我們，讓我們遠離父母？」幸運的是，在我長大的教育機構中，有一位智者莫杭神父，他的善良與對他人的完全奉獻，打開了我的心牆並贏得了我的心。多虧了莫杭神父，我擁有了來自古希臘的新同伴，我的人生冒險才因此得以開始。我曾是一個無助的少年，但不久便開始渴求學習更多，自從有了這種啟發，想要進入哲學就像踏上階梯一樣，只要抬起腳步便可以達成。若沒有蘇格拉底、沒有善良的莫杭神父，我的人生肯定不會發生這樣的變化。

從許多方面來說，蘇格拉底這位崇高的思想家與耶穌和佛陀一起，為我提供了幫助，他們是我生命的導師。他們三個人都不曾留下親筆著作，但都支持我們建立一種健康的生命方式，並引導我們進行內在的轉變。我們該如何即知即行的追尋他們的腳步？事實上，我們毋須模仿他們，而是要在他們的陪伴中自我成長。

金剛經

亞歷山大

《金剛經》裡簡單的一句話，為我提供了一項工具，使我時時刻刻都能歸省，這句話是：「所謂佛法者，即非佛法，是名佛法。」這是我幾乎整天進行的操練，幫助我應對生命中的起伏。當我處於低潮時，我拿出《金剛經》來，從中得到生命的智慧：「所謂殘障者，即非殘障，是名殘障。」

這句話讓我知道，不要將任何概念固定僵化，一件事可以同時是災難又是機會，我們應拋開二元的邏輯，拋開二元性的監獄。生命中的每一刻，我都能以另一種方式經歷著我的殘障。當我的大腦傾向將東西物化、貼上各種標籤時，我就會不斷提醒自己：「所謂亞歷山大，即非亞歷山大，是名亞歷山大。」

這句話的妙處在於，它幫助我們不執著在自己的傷痛中，同時也不否認傷痛的存在。我們要意識到自己對現實充滿偏見，然後我們應該一點一點的拆除它們。因此我可以看見一隻貓就說那是「貓」，不會為表象所迷惑，因為我知道現實總是比我所以為的更複雜。這個練習的目的是放下我自己，試圖放開所有自私的執著，並展開雙臂擁抱生活中的變化。因此我也可以說：「所謂我的妻子，即非我的妻子，是名我的妻子。」由於有了這些充滿靈性的文字，我每天都能重新發現人們的精采之處，而不再將別人封閉在膚淺的表象之中。我們的腦海中流淌著無數的思維與情緒，因此要學會停止認真看待經過我頭腦裡的一切。

＊延伸參考關鍵字：標籤（二八五頁）

禪

亞歷山大

「所謂禪者，即非禪也，是名禪也。」「禪」一字源於梵語，本意為「靜心」，而以其命名的佛學宗派「禪宗」則是大乘佛學裡的一個教派。禪宗所行的道路邀請我們放下執著、超越概念，以在自己身上發現並認識佛性。

真正「禪」的概念，與那些成天告訴我們要這樣或那樣保持「禪意」的廣告辭令，一點關係也沒有。

中國唐末五代時，雲門文偃禪師的話說明了禪宗裡實踐的藝術：「行但行。坐但坐。不得動著。」禪宗六祖惠能也在《六祖壇經》中，向我們揭示了他澄澈光明的心法：「看心觀靜，不動不起，從此置功，迷人不會，便執成顛。」

因此，無論在靜心冥想時心中浮現了一千種概念、從內子宮想到外太空，還是忍不住將自己困囿於過去或投影中，這些都是很自然的事情，因為這就是心靈本質上的流動性。但是「自我」常常會鬧脾氣、找麻煩、固執己見，因而讓我們遭受了很多苦難，由此產生了抵抗、拒絕與不幸。我們要學會擁抱真實世界，用最自然的方式生活。

第十章

向內探索

自我同理

克里斯多福

很多人在初次聽到「自我同理」一詞時，都會忍不住感到懷疑：「這又是什麼會讓人們更加自我中心的想法？」不過在這種直覺的反應之後，我們會發現，在自我同理之中有許多不同的面向，其中包含對自己的溫柔，以及對自己的尊重和善意。

我們常常對病人說：「請用你對待最要好朋友的方式，對待你自己。」當朋友經歷失敗時，我們不會對他說：「你最擅長的事就是一事無成！」而會說：「看看你已經做到了什麼……」

我們也常遇到一些對待自己時顯得無比苛刻的病人，因此，在自我同理中，還有一個非常重要的面向：我們必須意識到，痛苦是人類生命經驗的一部分，當我們感到痛苦時，事實上我們正與許多人一起在苦海中前行——這並不表示你要告訴自己「還有人比你更慘」，或是「又不只有你受苦」，也不須刻意避免意識到痛苦的存在；這麼想的最終目的是要讓自己知道，苦難是人類之間共通的一種生命經驗，當我們受苦時，我們既不孤獨，也不異常，也不與世隔絕，亦並非失敗，我們只是與芸芸眾生一起分享人生百味而已。

禁欲

亞歷山大

在《關注自我》一書中，傅柯重新提到塞內卡的學說，認為禁欲是必須的，並且是一種自我修練：「想要自我拯救的人，必須透過不斷自我治癒而活著。」

人們並不是在呱呱墜地時就已經發展完備，在古希臘傳統中，有許多用來描述心靈修練的動詞，例如「放空自己」「成就自己」「改變自己」「回到自己」等。如果有一些作為會使我們徒勞無功的用自戀的方式檢視自己，那麼也一定有一些方法，可以讓我們走出激烈的悲傷、擺脫人生的自動駕駛模式。我很喜歡「放空自己」這個概念，清空自己的冗餘和滿盈，讓自己有空間可以容納生命真實的樣貌。但可以肯定的是，人生沒有早知道，我們要如何在勉強僵固的努力與完全放任之間達成良好的平衡呢？

在這種心靈的混亂中，我們可以跟隨邱陽創巴仁波切的腳步，試著採取他的方式，停止怪罪自己，並像機械工人一樣，把自己拆解開來，看看哪裡不對勁。是的，即使是最誠摯的利他動機，也可能在恐懼、幻覺、匱乏之下彎折，而人世間最美好的意念，也不見得能消弭自我中心主義或翦除自戀主義。

若是能發起一種愉快的自我規範，就等於是能不退縮的正視自己的不足，就像一位工廠技工看著一塊不平整的鐵板一般，坦然面對自己靈魂上的傷痕。

自我及其解構

馬修

我經常有機會談論佛教實踐中關於「自我解構」的想法。人們通常對這個觀念感到不適，因此會問我：「難道人們不需要擁有強大的自我，以便在人生中正常運作嗎？」或「許多人難道不是因為自我不完整，或是自我過於羸弱，而受到心理疾病困擾嗎？」但我認為，與其談論強大的自我，不如談論「內在的力量」，這種力量能使我們擺脫「自我」帶來的束縛，而且事實上，自我束縛是我們一切心靈困擾的主要根源。

在美國，父母和教育人員從早到晚對孩子重複：「你是特別的！」然而心理學家羅伊·鮑梅斯特從大量研究中得出一個結論：學校、父母、治療師等人，為提高孩子的自尊心所投入的努力和金錢，僅產生了非常微小的收益。鮑梅斯特這麼說：「我很遺憾的必須坦承，這些年的研究讓我得出以下建議：忘記自尊吧！讓我們專注於學會自我控制。」當然，我們不鼓勵矯枉過正的極端行為，但穩固的自信並無法靠強撐起自尊而獲得。

我們認為自己的存在是獨特、自主和永恆不變的，這樣的想法，可能在生命的實用層面上很有幫助，但是這真的符合現實嗎？當我看見自己小時候的照片時，我能認出：「這個騎腳踏車的孩子就是我。」而自照片中的時刻以來，我擁有了各式各樣的人生經歷，身體也已經日漸衰老，但「我仍然是我」。

在這種認知現象中，幾種心理機制同時發生作用：對「我」的認知、對「個人」的認知，以及對「自我」的認知。「我」活在當下，是那個早上起床時想著「我存在」「我覺得有點冷」「我好像有點餓」的角色，是我們經歷當下狀態的部分；而對於「個人」的認知，則反映了我們的生活歷史——我們身為「個人」是一種連續的狀態，其中包含了我們的身體、精神、社會關係，而「個人」的觀念在時間上的延續性，也讓我們能將過去的自己與未來的自己連結起來。最後，「自我」則是我們自然而然認定的存在核心，我們認為自我是不可分割、永恆的整體，從出生到死亡一直形塑著我們，「自我」是「我的身體」「我的意識」「我的名字」的所有者，即使我們的意識從本質上說，是一種不斷變化的動態，但我們還是忍不住會在想像中給它一個獨特的實體，例如一條沿河而下的小船。

一旦我們對「我」與「個人」的認知，轉變為「自我」這個強烈的認同體，我們會忍不住想要去保護並滿足這個「自我」，我們對威脅自我的一切都表現出厭惡，而會被使自我感到高興和安慰的一切所吸引。這兩個反應引起了許多容易造成衝突的情緒，例如憤怒、渴望、欲念、嫉妒等。

只須稍微檢查一下這個「自我」，就可以了解它只是一個迷局，而始作俑者正是我們的心靈。我們可以試著找到「自我」：當我抗議「你打我」時，我並不會說：「你打我的身體，但沒有關係，因為不是我。」所以在這個範例中，我將自我與身體緊密連結在一起。另一方面，我的意識不能被擊打，但是當我說「你打我會痛」的時候，我將自我與我的感覺、我的意識連結在一起。

再者，當我說「我的」感覺、「我的」意識、「我的」名字、「我的」身體時，自我成為這一切的所有者，然而我們卻無法回答，這份本應有固定存在的「自我」，怎麼能像喜劇小丑一樣，擁有多重且互相矛盾的面貌。

因此，自我只能是一個概念，是貼在動態過程上的心理標籤。建立所謂的「自我」，對我們當然會有幫助，因為那使我們可以將不斷變化的現實情況，和自己的情感、思想、對環境的感知等，整合為一個凝聚的整體。

但我們也必須認知到：自我只是持續心理活動之下的產物，最終是虛構的，只存在於我們的腦海中。

自我與自尊

克里斯多福

「自我」不是心理學上常用詞彙的一部分，事實上，我們更常談到「自尊」，也就是一套看待自己、判斷自己、觀察自己、對待自己的方式。

我會說自尊是我們對「自己」的依戀，與對「自身形象」的依戀，此二者之集合。而自尊可能帶有某些病態性，因此我想要談談病態的自尊所可能造成的後果。

事實上，自尊被許多研究證明受到社會關係的深刻影響，許多研究人員認為，他人對我們的評價，即使不是形塑自尊的唯一原因，也強烈影響了我們對自己的價值判斷。換句話說，他人的眼光決定了我們看待自己的方式；而自尊的表現方法，也反映了我們認為他人如何看待自己。

自尊有兩種主要的病態現象，而兩者都會對我們造成痛苦。

其一，我們在自戀者身上能看到，對自己的過度迷戀會帶來直接而實質的惡果。一個人對自己越是迷戀，就越想要受到他人的欽佩和喜愛，也越傾向認為自己是優越的，並給予自己展現這份優越的權利。自戀者的典型行為，包括認為自己的想法比別人更聰明新穎、認為自己駕駛技術更好（因此允許自己開車開得比別人快）、認為自己的時間比別人的更寶貴（因此允許自己在等待時插隊）、做事情時優先考慮自己而非他人的利益等。

另一種過度自我迷戀的形式，則會以負面依戀的樣貌，呈現在缺乏自尊的人身上。基本上這些人通常被稱為「膽怯者」，他們與自戀者一樣，對他人的眼光和判斷痴迷，但他們並不尋求他人的欽佩或順從，而是將努力放在提防判斷和批評，因為他們害怕被拒絕，擔心自己得不到足夠的愛。

關於自尊心的研究工作始於一九六〇年代，而六十年後，我們獲得了長足的進步：我們終於發現，培養自尊心最理想的方式就是忘記自我。若我們觀察那些自尊心充足的人，就會發現他們根本沒有那種膨脹的自我，這些人不會過度關注自己如何被他人看待，也不會一直回過頭自我檢視，而是傾向在行動上展現自己、建立關連。美國學者曾談論一個被稱為「安靜的自我」的概念，安靜的自我擺脫了對「別人會怎麼看我？我夠不夠好？」這類型問題的執著。而我們該如何實現這個目標？那些認為自己不夠好的「膽怯者」，在被告知該思考除了自己以外的其他事情時，他們幾乎無能為力；然而一旦從病態的自戀中走出來之後，他們卻可以意識到這種執著。我記得有一個病人告訴過我：「如果我與一群很棒的人在一起，卻很不巧的感到身體不舒服，那時我就會想要變成一隻小老鼠，然後徹底消失，所以沒人需要花時間照顧我。因此我試著回想我們在治療方面所做的努力，並告訴自己『不要想著讓自己變小，反正你原本就不大』。也就是說，別擔心，人們對你沒有那麼熱衷，並不會一直看著你、評判你。只要你不跑去站在桌子上大喊，就可以安然的在眾人中占據一席之地，而不會成為他人的困擾。」

關於這個主題有很多研究，其中最讓我印象深刻的研究之一顯示，培養歸屬感和友情有益於個人自尊心的發展，與他人的連結不僅不會使人因比較而覺得自卑，還會使人感到安全和放心。相反的，想要掌控全局的渴望會使人感到不安、受威脅和疲憊，而這是許多有自尊心問題的病人常犯的一個錯誤——他們以為要被他人接受，首先必須得到對方的欽佩和喜愛。舉例來說，如果膽怯者覺得自己缺乏文化素養，他們將嘗試顯得學富五車、作派十足。這是我們在前幾代自尊療法中所做的事情——試圖提高病人對自己的想法、鼓勵他們積極看待自己。因此許多害羞膽怯的病人認為，要停止受到他人主導，就必須成為主導者。在今天的心理學中，我們提倡橫向關係而非縱向關係，並停止以主導或被主導的觀點看待事情，因為這種觀點在情感上非常使人疲憊。我們知道那些對於主導、認可、順服有執著的人，往往具有極度的不安全感，伴隨著高度的壓力、焦慮、緊張、惱怒等，這些人往往都在自尊的問題上有所缺陷。

我在這個主題上得出兩個結論。首先，自尊是「必要之惡」，就像交通工具一樣。我們在人生中需要自尊，就像我們需要交通工具，做為從一個點到另一點的移動手段一樣，除非我們成為永不離開修道院的隱士或沉思者，才有可能認為擺脫自尊相對之下是輕鬆簡單的事。在生命的道路上，有一些車輛的汙染會比其他車輛要嚴重：四輪傳動的汽車一邊消耗大量汽油，一邊呼嘯而過、希望其他人都讓路；而另一個極端則是小腳踏車，不排放汙染也不製造噪音。在我看來，我們不能在生命中完全擺脫自尊，將它一把抓起扔到窗外，但是我們可以確保自己的自尊不會對其他人造成汙染，也不會讓我們在能源、照顧、維護方面付出太大的代價。

第二項結論則是：不要指望透過自我貶低，擺脫自尊心問題。對於自尊心低落的病人，解決方案就是使其不要繼續鄙視自己，這些人常常既迷戀自己、又容易被自己激怒。我們必須回想「疏離」與「不依戀」之間的關鍵區別：我們不是要強迫性的擺脫自我，而是必須努力不對自我過度依戀。就像保羅．瓦勒希的名言所說：「我曾討厭自己，亦曾熱愛自己，而後我與自己一起慢慢變老。」

剔除我執

亞歷山大

一直以來，我們常常聽人談起「自我」和「我」這兩個詞，但並不真正了解此二者的含義。

坦白說，很難為它們下定義。對我而言，自我是一種幻想，由欲望、恐懼、情感和其表現形式所組成，我們執著於這份自我，因而對自己造成非常大的痛苦。我們必須清楚的區分這種表象、虛幻的自我，以及在內心最深處，那無法被具體化的真正本質。

儘管如此，「自我」的定義在我心中仍然模糊不清，在這樣的狀況下，我該如何從這份不清楚的自我中超脫呢？多虧克里斯多福的幫助，我才開始理解其中細微的差異。

我長期以來一直對自尊心抱持著懷疑的態度，擔心提倡自尊會使人轉向性格崇拜。但正如克里斯多福所展現給我們看的，如果沒有健全的人格結構、沒有健康的自信心，我們就容易成為我執的奴隸。

在這一篇之中，我還想提到盧梭在《論人類不平等的起源和基礎》中的詳盡分析，他將「自愛」與「私愛」區別開來。自愛使每個人都能照顧好自己、避免危險；而私愛則是一種強烈的社會性渴望，而我們知道這種情緒能帶來的所有損害，例如對擁有話語權、自我表現、支配、權力等等的渴望。基本上，私愛來自於比較。我們建立一個固定不變的自我，並且對其產生依戀情緒，而後因此依戀而受苦。私愛與自愛無關，因為自愛是一種原始的傾向、是一種自我保護的本能，驅使我們照顧自己的生活，並在許多情況下促使我們進步。不幸的是，自愛帶來的動能常常會產生偏向，而後裂解為自私。盧梭給了我一把有效的鑰匙，讓我避免陷入對「自我」的崇拜，也同時不會變成自我貶抑的可憐蟲。

印度智者拉瑪那．馬哈希也替我掃清了前路。他的教導可以幫助我們放開我執，在各個層面上都與自己內心深處的快樂與和平融為一體。具體來說，我們可以依照他的方式，詢問自己：「我是誰？」在不落入自我迷戀的情況下，我們可以自由的提問：我的身體是我嗎？我的思想是我嗎？我的汽車是我嗎？我的行為會遵循我的宗教信仰、與我的政治思想一致嗎？

當令人不安的情緒出現時，我們應該將其解釋為潛在自我迷戀的信號，這麼做可以使我們擺脫我執。為什麼一個想法使我痛苦，我卻依然堅持？為什麼我有時寧死也不願意承認自己的錯誤？更微妙的是，有時一種對於「放棄我執」的我執甚至侵入了精神生活領域：「我要向眾人表明，我並沒有陷入我執，你們等著看好了……」而面對這種危險的情況，絕對有比鄙視自己更好的做法，讓我們聽聽史賓諾莎的寶貴座右銘：「不要嘲笑、不要哭泣、不要仇恨，而要了解。」我們該仔細探索使自己陷入我執的機制，因為使自己從我執的奴役中逃脫而出，不僅是種責任，更是一項愉悅的挑戰。我們大可在每一天的開始，為自己做一份內心的天氣報告：「哎呀，今天我內心的小自我開始變得煩躁不安。我身體不太舒服，因此非常敏感，而為了被重視，我願意付出一切代價。」

而當我們感到愉悅時，我執就悄悄溜走了，因為我不再需要向任何人證明任何東西。這就是為什麼在陷入我執時責備自己是沒有意義的，責備反而會使自己內心的小我感到痛苦。事實上，解放不會透過自我羞辱而達成，而是透過自我奉獻、喜悅和分享，每天針對這些特質反覆進行練習，最終能將我們引向自由。

而對我執的控制，可以從停止思考「我」、轉而思考「我們」開始。我聽說在韓文中，人們不會說「我家」而是說「我們的家」。與他人分離、孤立的感覺最終只會增加我們的不適感。如果我們每天早晨起床的目標，就是希望自己心裡過得舒坦，那麼我執只會處處成為障礙。為什麼不試試看拋棄自我中心的態度呢？

前幾天我陪女兒在公園玩耍，突然間聽到一陣痛苦的喊叫聲，我抬頭看到不是我的孩子在哭，忍不住鬆了一口氣：「啊！還好不是她。」然而這件事很奇怪：現場有二十個孩子，但只有一個真正讓我感興趣。在這個地球上，有多少人與我們一起共同生活？只關心自己和身邊親近的人，而忽略其他數十億人的生活，是一種對生命錯誤的估量、對世界缺乏關愛的表現。人生遲早會讓我們明白，自己不是世界的中心。

標籤

亞歷山大

每次我將自己簡化成某種標籤時，都會遭受極大的心靈痛苦。

十三世紀德國神學家埃克哈特大師不斷提醒他的讀者：放下自我。

事實上，我每天都可以觀察到，自己並沒有「服務焦慮症」，也不是「理智斷線的狂人」，甚至不是「哲學家」或「殘障人士」。

學會禁欲，獲得對自己的理解與控制，能讓我們剝除自己身上的標籤，以便在人生中重生。

在人生當中時時記得、努力擺脫這種將我們緊緊束縛在物質上的僵固思維，這可是一項巨大的挑戰。

*延伸參考關鍵字：禁欲（二七一頁）

謙卑

克里斯多福

謙卑是一種解放——它使我們能接受自己的短處和缺點，而這些往往是我們一直希望能避免被他人察覺的部分。謙卑也使我們不會矯揉造作、不執著於下判斷，因為在謙卑之中，我們不會試圖隱瞞自己的極限，也不會特意展示自己的不足，例如做出虛假的謙讓。

哲學家安德烈·孔特-斯蓬維爾給了「謙卑」一個精妙的定義：「一個謙卑的人不會相信自己遜於別人，但是他也不會相信自己是優越的。」藉由謙卑，我們可以學會放棄爭取自我、展現自我，因為我們明白，自己不知道的事情遠比知道的事情還要多。而最重要的是，我們對自己不知道的事情更加感興趣，也了解只有透過已知，我們才能學習和發現未知。

在面對物質主義時，謙卑也讓我們更有優勢——物質主義希望我們相信自己是完美的（「你真是太棒了！」「記得做你自己！」），並且讓我們認為一切的問題都有答案，而我們毋須付出努力，就可以為自己的困境找到簡單的解方（「想買東西，就借錢去買吧！」「想吃甜食，但患有糖尿病？好吧，來服用這些降血糖藥，就可以一直吃東西啦，讓自己開心沒什麼不對的！」）。

如果聽從這些誇誇其談，就容易相信自己是自由的，因為我們正做著自己想做的事情（實際上，許多時候是消費社會讓我們相信自己想要這麼做），但這種想法會很快的使人陷入困境。

在「修心」的路上，謙卑也可以為我們提供幫助，讓我們對自己承認——我沒什麼特別了不起的，我就像其他所有人一樣，正常、脆弱、有時容易被操縱，而且我最好在受到奉承時擦亮眼睛，尤其面對廣告和成癮物品要小心謹慎……

內在世界

克里斯多福

獲得智慧是一項艱苦的工作，需要付出雙重的努力：規律的面對現實生活（窩在房間裡自稱智慧實在太容易了），並且還要從面對生活的經驗中，學習進行沉思、消化、吸收。

這是一項需要頻繁檢視自己內心世界的工作，而在這個內在世界裡，我們不能對自己撒謊或胡亂編故事。智慧將永遠直面問題，不會逃避——首先面對現實，然後面對自己。因此，記得永遠不要逃避不適的感覺，亦不逃避面對自己的局限、缺點、弱小和怯懦。

智慧是我們有朝一日能克服缺點、並擺脫它們的唯一希望，且能在生活的每一天中，都讓我們盡量不被自己的缺點影響。

自戀

馬修

自戀在心理學上被描述為一種自大的傾向，需要得到欽佩，並缺乏同理心。自戀者堅定的崇拜自己——這是他唯一感興趣的事情——並且毫不懈怠的尋求對自己的讚美。自戀者不關心別人，因為對其而言，他人只是能提升自己形象的工具。長期以來人們一直認為，自戀者內心深處並不真的深愛自己，對自己的高估只是一種彌補不安全感的方式。研究顯示，自戀的人確實有一種優越感，而最終被迫面對現實時，他們通常會對他人或對自己產生憤怒，學術成果也證實，那些高估自己的人往往比一般人更具攻擊性。

心理學家珍．圖溫吉透露，美國在過去的二十年中，名副其實的遭受到「自戀流行病」的困擾，三十年來，同意「我是個重要人物」這一敘述的青少年，人數從一二％暴增到八〇％。直到今天，美國有四分之一的大學生仍可以被歸類有自戀問題。研究人員認為，社群網站的使用是原因之一，因為這些媒體往往鼓勵人們不停的推銷自己。

*延伸參考關鍵字：自我及其解構（二七三頁）

不固執

亞歷山大

不固執是我們最強大的「工具」，它使我們擺脫了內心的堅持和拒絕，如此才能歡迎生命中即將到來的一切。

每次我將自己簡化為一種自我認定的形象時，都會因此感到痛苦。而為了阻止這種不健康的機制，我們永遠都不該為自己塑造某種僵固的認同。每當我過分認真的覺

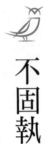

得自己是什麼人物時，就會不斷的在嘲弄中回到現實，回到這個練習中來，讓我得以擺脫既定角色所帶來的創傷和期望。

大膽放開自己的固執，這麼做能使我們在暴風雨中免受侵襲。無論是感受到憤怒、恐懼或悲傷，都沒有關係，只要這些情緒不要常駐我心就好，因此練習每天讓自己的情緒像流水一般通過心田……

沉默

馬修

我親愛的媽媽常說：「沉默是未來的語言。」從我在尼泊爾的隱修處，可以看到喜馬拉雅山脈橫亙在我面前，向左右延伸兩百多公里。沉默是如此美好，讓我得以聽到一公里以外的農民的嗓音，有時我也可以聽見遠方大雨帶著陣陣越來越強烈的雷聲，從遙遠之處直直襲來，最終到達我身邊。外在的沉默為內在的沉默打開了大門，使我們更容易體驗「當下」所帶來的新鮮感，從而讓我們更接近事物的終極本質。

我記得某一個秋天的早晨，我獨自一人坐在岡仁波齊峰附近海拔四千六百公尺的瑪旁雍錯湖岸邊，當時的天空是深邃的墨藍，而四周無比昏暗。沉默在那個時刻是完美的。突然之間，我清楚聽到了鳥鳴聲，並分辨出這些鳴叫屬於當地一種紅色的鴨子，但我仔細檢視周圍，卻無法找到牠們。最終我瞥見了遠遠的群鴨，牠們漂浮在離我兩百公尺外的湖面上，鳴叫聲卻能在湖面上四處傳播，聽起來竟然就像在我身旁一樣。此刻我意識到，對外在環境靜心和對內在心靈的靜心一樣重要。我想起了偉大的瑜伽大師沙布卡的一段故事——他在十八世紀初的某一天，也曾經坐在這片湖岸上，望向同樣的景色，後來他寫道：「有一天，當我坐在湖岸邊稍事歇息時，我經歷了一種毋須專注於任何對象上的自由，那是一種清晰、廣闊而開放的心靈狀態。」

暴君

亞歷山大

據說在德爾菲的阿波羅神廟的山牆上，古希臘人可以讀到古希臘文為「了解自己」之意的著名碑文，這句話為我們開啟了通往內心的道路，讓我們學會雕塑自己、理解哲學。「整體健康」是和諧的結果，是一種值得追尋且不斷變化的平衡。為了排除人生路途上的障礙，我們需要辨明自己內心的那位「暴君」，看清楚那些對我們頤指氣使、希望我們言聽計從的情緒：恐懼、悲傷、憤怒、毀滅性的激情等等。我們將生命的遙控器交給了誰？我們該怎麼做，才能不再像溫順的布娃娃、不至於變成沒有內在紀律的木偶？我們該如何離開內心的「自動駕駛」模式，並慷慨的進行創造與自我實現？

這其中的挑戰在於，我們要拒絕服從「自我」這位暴君的專制，主動離開戰場，擺脫可能會在身體內部爆發的內戰。當我們事實上需要與自己和解，並朝向善良邁進時，為什麼要去譴責、怪罪自己呢？得到平靜與喜悅需要一種比譴責更加微妙的方法：我們要培養一視同仁的心態，不討厭任何事物，並積極融入社會，才能與他人共存，且結出碩果。

內在的溜溜球

亞歷山大

內在的溜溜球可以在一秒鐘內往復來回，從快樂轉為悲傷，再從悲傷轉回快樂，這實在是一件累人的事。當我們處在極度的愉悅中，很難不去想這份喜悅將在某個時刻宣告終結，但當我們沉浸於悲傷中的時候，卻很容易相信這會是永無止境的，如此一來就更加難受。「不執著」是一項極佳的工具，它能讓我們擺脫束縛和否定，開放的接納生命中發生的一切。而我們首先的任務就是適應心中有一座雲霄飛車，很可能一早開開心心的醒來，但是只需要一封電子郵件，就可以使我們跌落谷底。這就像是我們把遙控器交給了外在的各種情況，讓它有權把我們的心情頻道轉來轉去。

好消息是，我們只需向下探索自己內心的深處，就可以找到一種無條件的喜悅，並從這個雲霄飛車上離開。我們首先可以做的事，是靜靜觀察自己不斷跳動的情緒，不過度為此感到憂慮。事實上，有一項極大的誤解阻礙了人們享受無條件的喜悅，就是我們誤認為只有在所有傷痕都被治癒之後，才能享有喜悅。但這種無條件的喜悅真的不需要條件，當下此刻就能擁有，即使我們身處磨難之中也是如此，我們現在就可以體驗它。如果必須等到生命臻於完美後，才去體會這份喜悅，恐怕就有得等了……

佛性

馬修

佛教認為，無論一個人身處於什麼樣的情境之中，眾生在意識的本質深處，總是存有一種不會改變的品質，這種常住的品質被稱為「佛性」或「心性」。

佛性不僅不會受到仇恨、欲望和其他負面心理狀態影響，並且也不會對現實世界產生任何形式的扭曲。佛性就像黃金一樣，埋在爛泥裡也不會被弄髒，是非常純淨且不起變化的。

無明可能會暫時遮蔽了佛性，但是它不能使其變質，就像雲層可以將藍天和太陽從我們的視野中掩藏起來，卻也不能將其改變。

第十一章

自我覺察與實用建議

混亂

亞歷山大

尼采在《查拉圖斯特拉如是說》一書中寫道，一個人必須保有內在的混亂，才能凝聚出一顆跳舞的燦星。就我僅有的一點經驗來說，在接觸到混亂時，我覺得自己似乎像是被灌了一大口迷幻藥一樣。

我原本就有一些需要克服的問題（出生時因臍帶繞頸，患有腦性麻痺），生活中必須要集中精神才能對抗焦慮，而幾年前我迷戀上一位男孩，這讓我落入了一種強烈的上癮情緒之中，整件事幾乎動搖了我對自己的信心。這個狀況對我的打擊，甚至比我患有的殘障還要令我苦惱萬分；我感到萬分羞恥、害怕被拒絕，覺得自己意志薄弱，這些負面感受一項一項壓在本來就已經殘破的我身上。我不得不自問：「有什麼方法，能使我在混亂喧囂之中，不要徹底墮落？在令人精疲力竭的情況裡，我們如何能找到力量，以便對不該執著的事物放手，並能引導自己返回原本的道路上？」

首先，在我被拒絕、被評斷、被千夫所指時，最重要的是有些人從未選擇放手。當我迷失於無底的深淵中，我的妻子、孩子們以及我的益友們，都向我證明了生命中存在的善良。也正是在混亂與精神上的折磨之中，我才認知到應該要學習獲取智慧、建立自由、並一點一滴的收穫自己辛勤耕耘而得的精神進步。

有人認為，追求內心的平靜等於是不可避免的摒除所有的情緒，成為懦弱無為之人，或者變成沒有靈魂的行屍走肉，被囚禁於精神地牢中……這些想法都是非常令人難過的誤解。就像邱陽創巴仁波切所提醒我們的，許多苦難與煩惱歸因於我們無法放下、無法看到世界真實的樣貌，以及無法管住我們那些不斷浮想聯翩的腦細胞。我們需要一些參照物，讓我們能看見脫離混亂的希望之光，相信自己終有一天會踏上堅實的土地。然而這也是一份建立於日常、日復一日的工作，我們要活用自己手上可得的資源，讓自己在周遭一切顛覆浮沉時，能學會與混亂共舞，在生命深處找到落腳之處。

*延伸參考關鍵字：控制（五四頁）

幫助你學會與「混亂」共舞的三項建議

亞歷山大

● 暫停下來，先喘口氣

習慣在逆境中奮戰抗爭的人，可能很難慢慢的品味藍天，或是在沙灘上伸展四肢放鬆休息。對我而言，休息是什麼意思呢？是一種像行屍走肉的狀態？在我內心深處，什麼事物可以幫助我重新站起、重新出發？

● 從禁欲中找到內在的愉悅

古希臘哲人們將修行者比喻做運動員，倘若一位馬拉松選手不喜歡跑步，訓練的過程將成為一種艱辛的勞役。我們能不能在每天必行的刷牙、靜心、起床，甚至是對抗癮頭時，都找到一種簡單的愉悅呢？

● 張力計

我的一位朋友曾經提醒我，生命中不一定要帶著多餘的焦慮、鑽牛角尖過活，因為這份永恆的不安並無法讓我前進，也不能改變我所處的膠著狀態。自此之後，每當我開始感到慌張時，我就會試著訴諸內心的羅盤，那是一種像內建的張力計一樣的東西，能讓我知道自己是否已經達到筋疲力盡的狀態，如此一來可以幫助我避免崩潰。這是一件很好的工具，能讓你更輕便的在人生旅途上走得更長遠。

意志薄弱

亞歷山大

古希臘人發明了一個詞，精妙且中肯的描寫了我們的心靈戰場裡會發生的種種糾纏與掙扎——意志薄弱（acrasie）。

基督教早期極具影響力的傳教士聖保羅，曾經在《聖經．羅馬書》裡，精準描述了這種發生在人類內心深處、能使我們陷入極端憤怒的掙扎：「我所願意的，我並不做；我所恨惡的，我倒去做。」這種內心的糾結帶給我們一種正在經歷心靈內戰的感覺，使我們如拼圖般破碎無頭緒，永無止境的左右撕扯。自我意志在此是軟弱的，只能為我們指示方向，而衝動、情緒、恐懼等卻主宰著我們——誰沒有經歷過這種疏離的情境，在左右為難中孤立無援？

意志薄弱這種缺陷牽著人們的鼻子走，它能一點一滴腐蝕我們的人生，造成包括酗酒、藥物成癮及其他各種上癮問題。事實上，我們經歷過的每一次掙扎都透露出，要跟隨自己心中的美德有多麼困難。我們生活中每一個層面都深受意志薄弱的影響——明知某一段關係對我而言弊多於利，卻仍然深陷其中、無可自拔。該怎麼從困境中脫身？該怎麼遠離這些會孤立我們、使我們徒勞無功的摧毀性力量？更別提人們在認知到理想的生活、道德、行為準則與現實生活之間那鴻溝般的差距時，所感受到的罪惡感。因此我們必須學會克制自己的欲望，修習心靈的平靜，擺脫生物衝動加諸在我們身上的轡頭，才有本錢能追求尼采所謂的「整體健康」。

幫助你對抗「意志薄弱」的三項建議

亞歷山大

● 不要大張旗鼓的進行「對抗—失敗—復發」的循環

每年一月一日，我都會為自己立下幾個遙不可及的新年新希望，但長期而言，這些誓言卻難以實現。我們必須先摸清楚自己的弱點，列出自己手邊可利用的資源，才能一項一項解決內心的「天使魔鬼小劇場」，真正在生命中得到自由。

● 要做的事情堆積如山，但事情就是永遠做不完啊……

事實上，心靈修養的道路不是短跑，而是長程馬拉松，我們可能在路途中跌跌撞撞，摔得鼻青臉腫。面對這樣長距離的征程，我們必須找出能使自己感到愉悅、舒服的方法，經常使用麻醉藥或興奮劑的選手是不可能跑完全程的。「智慧」就是能找出可滋潤我們心靈深處的養分，是一種令人快樂的知識，無條件的讓我們感到由衷的喜悅。

● 放下小我

面對內心種種掙扎時，想要迎頭痛擊，只會讓自己一頭撞上高牆。事實上，放下自我的執著會是比較明智的做法，停止將面前的問題視為生活的中心，但也不要逃避。當身處困境、情緒低落時，依然可以打個電話給正在生命中掙扎的朋友，彼此鼓勵、互相傾聽、扶持前進。

依賴

馬修

「依賴」就是擁有超出自己可負擔程度的渴望，或是在自己已不再喜歡某物時，卻依然繼續渴望它。

幾年前，我被神經科學家肯特·貝里奇的一項發現所震驚。我與貝里奇曾多次見過面，包括在心智與生命研究所舉辦的一次會議中碰頭，我們花了五天時間討論欲望、需求和成癮問題。

貝里奇的研究顯示，針對我們所「喜愛」之物和「渴望」之物，大腦中會生成不同的神經網路。當我們面對「喜愛」的物品時（例如在雪中散步後洗個熱水澡，或品嘗美味的食物），腦中被刺激活化的神經網路會帶給我們愉悅感；但當我們「渴望」同樣的東西時，腦中被活化的卻不是同樣的神經網路。

「愉悅」通常指的是一種感官上的感覺，它非常不穩定，在不同狀況下，很快就能變質成冷漠、厭煩，甚至憎惡，例如鮮奶油蛋糕非常香甜，但如果一次得吃下五塊，就會讓你感到噁心。而如果重複享受這種「愉悅」的經歷，我們就會加強大腦中使我們「渴望」這些經歷的那一部分神經網路。

因此，即使我們不再享受這份經歷（無論是使用藥物或其他本來令人愉悅的物品），卻仍然「渴望」獲得這種體驗。當這份渴望變得持久，或渴望不斷重複發生，而我們對其對象變得過於敏感時，就可以說我們對這樣物品產生了「依賴」。最後，我們會發現自己處在一種悲慘的情境中——即使一樣東西幾乎不再給我們帶來任何愉悅，甚至可能使我們感到噁心，我們依然不由自主的渴望它。

肯特．貝里奇曾描述過一個極端的情況。在實驗中，人們反覆給予老鼠如死海鹹水濃度的鹽水（比一般海水鹹三倍），與此同時，刺激老鼠大腦中與渴望有關的區塊，很快的就可以達成產生條件反射的臨界點。此時，只要我們刺激老鼠的渴望腦區，老鼠就會放棄推動能給予牠糖水的槓桿，反倒去選擇會給予牠濃鹽水的裝置，但在達成條件反射之前，老鼠可是出於本能的避免去觸碰濃鹽水槓桿。

藉由這個實驗，我們可以看到「依賴」是一種多嚴峻的狀況，因此，僅僅對處於依賴狀態下的人說：「你只要認知到酒精、藥物或性愛成癮是令人厭惡的，就可以解決問題了。」這是遠遠不夠的。通常成癮者對於其成癮的對象已經感到了厭惡，這麼說並不足以幫助他們。

理解到「喜愛」與「渴望」之間的鴻溝，可以幫助我們設計出更好的方式，擺脫對不良物品的沉迷。我們知道，思想訓練可以藉著「神經可塑性」，改變神經元之間的連結，因此我們必須想辦法讓自己脫離條件反射，從思想與情緒上一而再、再而三的下工夫，逐步減弱那些使我們渴求有害物的神經連結。

但這件事絕對是貨真價實的挑戰。神經科學與現實生活中的經驗都證實，除了必須維持堅強的意志，並做好長期抗戰的準備外，還有其他的障礙使我們難以擺脫依賴。

首先，實驗證明已經處於依賴狀態的人，其大腦與「意志」相關的區域較難以被刺激活化，因此在「堅強的意志」這項條件上，他們已經位居下風；其次，使人成癮的物質會改變大腦結構，使其穩定的處於對與成癮物相關刺激敏感的狀態，這種敏感度使我們在面對成癮物（例如藥物、電玩遊戲）時，反應來得更快、也更強烈；更糟的是，在所有的重複性「訓練」行為中（無論是靜心訓練或練習鋼琴），相應的腦區能做出改變的這種「神經可塑性」，主要在海馬迴裡發生，海馬迴在我們學習特技、練習靜心、進行運動時都會被啟動，但上癮者的海馬迴卻是被抑制的，因而他們改變的能力也隨之降低。

所以說，具有依賴行為的人，面對的是四重難題的挑戰：被強化的渴望、對刺激物異常敏感、被削弱的意志，以及能進行改變的腦區受到壓抑。

如要擺脫成癮，我們必須擁有這些知識，並且盡其所能的使用所有殘存的意志，用細水長流的方式使自己行動起來。

幫助你面對「依賴」的三項建議

馬修

● 避免所有會觸發癮頭的因素

不要將自己暴露於引發強烈渴望的因素之下，以免控制不住自己的反應。亦不要接觸成癮物質的圖像、相關情境與任何有關的東西。如果做不到，那就想辦法拉開距離，遠離一切，和朋友一起去大自然走走，讓自己變得更加堅定、強韌。

● 關鍵時刻

研究顯示，與刺激物對抗的時刻在擺脫成癮的過程中至關重要。當我們無論是在現實還是心理形象中，看到白色粉末、藥瓶子時，若就此放手讓「刺激、回應」的成癮過程開始，在此之後會需要花費很大的力氣，才能使其中斷和停止。我們不能對自己說：「好啦，一點點就好，之後再停下來。」透過靜心練習，我們可以「延長」對抗誘惑的關鍵時刻，幫助自己擁有更多思考和迴旋的餘地。在心中出現渴望之物的形象時，讓自己的思緒在上面停留一下下，並令心神專注於當下，如此一來，就會讓這些成癮物的形象有時間慢慢消退，就像滴進水裡的濃墨最終會漸漸消失一樣。如果能將這些令人困擾的思緒拖延足夠長的時間，我們終歸可以避免被渴望所束縛、失去對自己的控制權。

●觀察在自己的意識空間中出現的衝動

偉大的智者、大乘佛教僧侶龍樹曾說過：「抓癢時感覺很好，但是當身體不再發癢時，感覺更好！」我們須用專注的意識，長時間觀察自己的癢處，直到其自然消退，使我們重獲自由。有人可能會在過程中將自己抓撓得遍體鱗傷，若我們要求他停下動作，一時之間必然搔癢難耐，但如果能忍耐一下下，癢感最終會自行退去。

在成癮的狀況下，我們必須動用足夠的心靈力量，減弱這種煩躁的衝動，就像停止往篝火裡添加薪柴一樣，最終烈焰會自然熄滅。這是世間萬物共通的本質。

克里斯多福

焦慮

在心理學上，「恐懼」指的是面對危險時，身體和心理所做出的真實具體反應之總和；而「焦慮」則概括了面對潛在危險時的所有反應。也就是說，焦慮作用的對象是正在靠近的，或我們心中想像的危險。我們常說：「焦慮」是沒有對象的恐懼，這份恐懼沒有立即的對象，但是並不表示它不真實，因為它實實在在的影響著我們的身心狀態。

大部分的情況下，我們不會意識到焦慮使我們離開了現實世界，進入另一個遊戲規則大不相同的宇宙。在這個虛擬世界中，資訊被處理的方式相當不一樣——即使風險只有十億分之一，我們依然會被這種微小的負面可能性給扼住喉嚨。這與我們不處於焦慮狀態時的思考邏輯很不同，而在這種情況下，我們能離開焦慮的最好辦法，就是努力回到現實。

有時候，最簡單愚笨的方法最有用，例如散步、享受大自然、出門走走、對事情做出回應、與朋友聊天等等，都可以讓我們重新安定下來，面對真實存在的事物，並讓我們再次認知到，自己可以運用什麼資源來面對問題。而這也就是為什麼深夜裡的焦慮往往來得最猛烈——當我們孤身一人時，無法以行動或其他事物來分散注意力。

矛盾的是，當真實世界中的問題來臨時，處於焦慮狀態的人並非真的就不擅於處理問題；焦慮者最大的問題在於，他們費盡力氣在想像、預見、等待並規畫問題。由於焦慮不安的大腦會將虛構的事實當做真實事件來看待，因此會忍不住動用一樣的精力和態度進行處理。

能幫得上忙的方法是接受恐懼，並讓恐懼在心中占有一席之地，但不要讓恐懼占據所有地盤，同時，讓我們的心靈專注在其他事物中，就像之前提過的，我們可以全心全意的在行動中靜心——靜心並不是閉起眼睛思索事情，而是讓身心整體投入在一件事上。當我們進行靜心時，我們會注意自己的吐息，讓自己的心靈與身體相連接，認真聆聽周圍的聲響。此時我們回到現實世界，而這份現實將幫助我們，一步一步走出極端的不安狀態。

即使在痛苦與驚惶中，我們的身體也永遠存在於真實世界而非虛擬世界中；一旦在此真實、有形的世界中扎根，我們就能更加拉開距離，觀察自己的想法，並讓種種雜念像吐息一般，規律的溜走。每當我們發現自己又開始緊張時，記得將自己從恐懼中抽身而出，重新開始，讓自己的心靈一次一次的專注在真實事物上，不要被恐懼吸引目光。

有許多種方法可以處理不安焦慮的情緒，但焦慮者最應該要謹記在心的是，這些方法並不能在焦慮最高峰時才拿來使用，就像我們無法在飛機墜毀時才開始學習使用降落傘一樣。假設我們認為，人類會規律的感到焦慮或憂鬱，那麼某種基礎訓練將是必要的。在我們被突如其來的焦慮慌張所淹沒、想要依靠鎮靜劑、酒精或其他事物控制自己時，這份訓練將成為我們行走人生所不可或缺的心靈行李，能使我們在必要時安定下來。

＊延伸參考關鍵字：焦躁（八二頁）、恐懼（八四頁）

幫助你面對「焦慮」的三項建議

克里斯多福

● 盡可能不要服從焦慮

焦慮讓我們想要退縮？那就前進吧！看看會發生什麼。焦慮讓我們滿腦子都是煩心事？我們偏要打開心胸，將注意力放在其他事情上，例如我們的呼吸、身體、周遭的事物等等。

●從小地方開始

如果面對的煩惱實在太龐大了，那我們可以先選擇一個較小、較容易上手的問題做為出發點，重複訓練自己面對問題，因為只練習一次是不夠的。無論恐懼的種類為何，讓自己從其中掙脫而出的方法都是一樣的，離開小型恐懼的方式，也可以讓我們從較大的恐懼中脫身。

●不要忘記還有心理治療這條路

在面對焦慮時，心理療法可以得到最好的成果，尤其是認知行為療法、接納與承諾療法，以及正念療法。

罪惡感

克里斯多福

罪惡感從心理上而言（而非法律上），是一種讓我們感到「不應該以這種或那種方式行事」的情緒，因此，罪惡感等於是告訴我們自己有事做錯了。

罪惡感有時會與現實脫節，有些人會輕易的對非常微小的事情感到歉然，而另一些人卻幾乎從未對任何事感到內疚！

與心理上的罪惡感不同，「後悔」的感覺裡並不包括這種過失性的道德層面。我們只是後悔犯了一個失誤，其中對於自身行為與後果的檢視，比較不那麼情緒化，並包含更多理性的成分。因此我們說「感到內疚」，但不會說「感到遺憾」，而是說「擁有遺憾」。這種語言用法顯示了「罪惡感」在心理上具有強烈的情緒蔓延效果。

而罪惡感和後悔，兩者都具有一種心理功能——讓我們不要小看自己的錯誤、能思考過失並將它們留存在記憶中，以便未來不要再重複同樣的戲碼。因此，我們可以說罪惡感對我們是有幫助的，只有當我們過分感到內疚時，罪惡感才會造成問題。

從某種意義上說，罪惡感甚至是一個好兆頭，因為能感到內疚的人通常是善解人意、樂於助人、渴望以正確方式行事的人。

幫助你面對「罪惡感」的三項建議

克里斯多福

- 不要將失誤（弄錯了某事）與犯錯（打破了某個道德規範）兩者混淆。意識到自己有「失誤」，會將我們帶往「後悔」，並幫助我們進步；而意識到自己「犯錯」，則會將我們導向「罪惡感」，這有時會使內心受到不必要的煎熬，並使我們感到羞愧，而非走向進步。

- 面對罪惡感時，我們應該要坦然接受它，進行所謂的「自我意識檢視」，並且從中學習，為未來不再犯錯做準備（下一次我會用什麼不同的方式面對呢？）。只要有機會，我們應努力彌補並致歉。
- 有一件很重要的事：罪惡感是一種非常強烈的情緒，因此不要試圖獨自一人面對它。試著與身邊親近的人分享，聽取他們的感受，或許有人曾經經歷過與你相似的情況。

情緒

克里斯多福

情緒牢牢扎根於我們的遺傳因子和大腦迴路中，而後被我們的教育和文化背景所強化。所有情緒對我們而言都是有用的，像是憤怒、悲傷、恐懼、焦慮、羞恥等，各自具有特定的功能。只要它們的強度不要太高、存在的時間不要太長、消弭的盡頭不要太遠，就可以為我們提供正向幫助。也就是說，我們該意識到這些情緒的存在、其作用機制及對我們的影響，這就是一般所談到的ＥＱ。

從演化的角度來看，消極或不愉快的情緒往往與危險、會威脅到我們生存的情境連結在一起。憤怒使我們可以威嚇他人（從而避免可能造成傷害的戰鬥），恐懼使我們避免潛在的危險（並鼓勵我們保持謹慎，在最壞的情況下趕緊逃離），悲傷迫使我們放慢思考的速度等等。

積極情緒則往往與尋求資源的情境相關（食物、休息、遊戲或性愛等愉快的交流），但是愉悅事物的優先等級永遠不會超過危險的事物——在自然界中，我們必須在享受愉悅之前先處理危險。這就是為什麼所謂的消極情緒，在清晰度、強度、發展的速度和吸引我們注意的能力上，都比積極情緒具有優勢的原因。然而，若是沒有積極的情緒，我們將無法在生命中持久發展。這些正面情緒在危險過後，能打開我們的視野，使我們重新與他人建立連結、尋找資源、想出解決方案，正面情緒就是我們前進的動力。

因此，無論正面或負面的情緒，都是我們所需要的。負面情緒有點像是一個家庭中的「麻煩精」，他們對問題的反應更快、叫得更大聲，並且常在餐桌上吃得一片狼籍；但若是沒有正面的情緒，基本上沒人會上桌吃飯，因為用餐時間很快就會變得讓人難以忍受。正如笛卡兒在《論靈魂的激情》一書的結語中所說：「現在我們認識了各種情緒，因此比起以往任何時候，都更沒有理由對自己擁有情緒感到憂心；因為我們能看到，各種情緒從本質上而言都是好的，我們只需要慎防濫用或錯用即可。」

若想要進一步理解情緒，我們可以用兩個軸來思考它們：正負（相對愉快或不愉快）和強度。在強度軸上，我們可以辨別出爆發性情緒，當例如憤怒或恐懼這種情緒占據我們時，它幾乎是無法控制的；同時我們也可以看到，強度較低的情緒狀態，我們可以稱之為「心情」或「心理狀態」，而這種狀態在研究人員的眼中，越來越顯得重要，因為它們代表了我們多數時候的情緒感受。

強烈的情緒對身體和心理能量的要求非常高，以致我們無法忍受每天都來個幾次，因為這樣最終會使我們疲憊不堪，甚至可能使我們喪命。當我們請某人回憶起上一次他們感到極度憤怒、極度悲傷、極度憂慮、極度羞愧或極度快樂的情境時，人們的答案很少是近期發生的事件。然而自一早開始，我們很可能都來回經歷了幾種中度的情緒狀態，或許有一些悲傷、有一些擔憂，也有一些快樂或喜悅。

意識到這些相對溫和的情緒狀態非常重要，因為這些狀態等於是心裡的情緒培育場，能促使強烈情緒的生成，並且形塑我們的思想體系和世界觀。若長期對他人充滿怨恨或煩惱，將會影響一個人的世界觀，以及社交生活中的行為模式；這也就是為什麼我們會鼓勵病人，尤其是在預防精神疾病復發的階段中，要注意這些微妙的背景情緒，並學習心理健康和內在平衡的技巧。

我們該如何意識到這些情緒狀態？沉思和靜心能對此提供極大的幫助，其他的自我修持也能促進我們的進步，例如培養寫日記的習慣，或進行認知療法，以便讓我們能在所處環境、所經歷的情緒、產生的想法和所導致的行為之間，梳理出因果關係。

*延伸參考關鍵字：憤怒（八八頁）、恐懼（八四頁）

幫助你更恰當管理自己「情緒」的三項建議

克里斯多福

● 學會喜愛自己的所有情緒

事實上，所有情緒都是我們內心需求的反應。正面的情緒讓我們知道，自己的需求被滿足或正在被滿足，而負面的情緒則讓我們知道自己沒有被滿足。因此，我們要好好傾聽自己的情緒，並思考該如何反應，以達成自己基本需求上的平衡。

● 培養正面的情緒

要學會照顧自己的心情，並習慣性的培養正面情緒。研究顯示，正面情緒與負面情緒的比例，大約在二比一或三比一時，是最理想且貼近現實的心理平衡狀態（我們不可能時時刻刻都保持好心情）。

● 不要自我洩氣

學會調整自己的情緒是人生的一大課題。我們常常會忍不住舊病復發，再度因為莫名其妙的事情感到憤怒，或不知為何感到焦慮，或過度憂傷，而這是一條容易打滑失速的道路，因此我們更該在人生中及早開始學習。

我非常不贊同「江山易改，本性難移」這一類的諺語，預先認定了人無法改變自己；我們永遠都在學習，因此也要接受自己可能「失足」的事實。這條道路沒有捷徑，但只要我們願意努力，總有一天可以達成目標。

仁慈

克里斯多福

仁慈有許多種：對我們所喜愛與熟識的人，我們天生就會釋出善意，我們只需要多花點力氣，就可以讓自己即使在疲倦或心情不好時，依然能維持這份對喜愛之人的仁慈，同時我們也可見識到，維持仁慈對自己其實也有好處，能讓自己的精神得到鼓舞，因為釋放善意能使我們把目光從自己身上移開，而人在這種狀況下，比較容易享受美好的時光，並產生正面的情緒。

也有一種仁慈，其對象是我們偶然遇見，但大概再也不會重逢的陌生人，這種類型的善意只有在大腦中的「善意程式」運作良好時，才有可能出現。每天早上針對這一點，做一小段靜心練習，將可以幫助我們進行實踐。

當然，還有一種仁慈更具有挑戰性，其對象的行為、生活哲學、文化都與我們迥然不同。我記得曾經與一位病人有過一段對話，他告訴我，在地鐵上，他傾向只施捨給那些「有在做事」的人，例如街頭音樂家，但他從不給予那些純粹四處遊蕩、伸手要錢的人，這些人要得越凶，他給得越少。這聽起來很合理，我們只施捨給「應得」的人，但這樣的邏輯（我有時也在自己身上看到）也有怪異之處，因為它是從我們的需求出發（獎賞那些看起來「很好」的人），而不是從他人的需求出發（需要生存的人）。事實上，仁慈與認可不該有所關連，或至少，獲得仁慈的對象不應該被限制為那些遵循我們的邏輯行事之人。

還有另一個使我感興趣的概念，就是所謂我們有仁慈的「義務」。例如人們常常提及「干涉的義務」，但難道人類面對所有存在於社會中的他人時，沒有一份「仁慈的義務」嗎？這幾年來，許多出版品裡談到所謂的「毒素處理者」（toxic handlers），或是「善意給予者」，指的是職場中固定對他人釋出善意的上班族，這些人會主動接近為工作所困擾的同事，並為其減輕與工作相關的煩惱。但在職場之外的所有人類群體中，也都可以找到「毒素處理者」的存在，這些人能很自然的撫慰他人、幫助他人，並且能日復一日的用潛移默化的方式行善，既不張揚自己，也不以言詞取勝，只是自然而然的將善意釋放到周圍的環境中。這類行為就是馬修常常提到的「平庸的善良」。這些人往往行事低調，從未因為自己所扮演的仁慈角色而受到讚揚。

若我們抬頭環顧四周，會發現身邊有許多「毒素處理者」，一旦這些人消失，他們所「看顧」的團體就會土崩瓦解。例如在一個家庭中，一位毒素處理者過世，突然之間，家庭的凝聚力就消散了，家庭成員彼此爆發衝突；我祖父的過世就是典型的例子。我與他非常親近，有許多價值觀受他影響，在他過世之後，家裡經歷了一場親族關係的情緒危機，種種衝突迅速出現，至今餘波未息……同樣的，在我曾經服務過的一間醫院中，有一位接待處的祕書屆齡退休，而她的缺席使得整個部門的工作氣氛大不相同，因為她曾經在職場上扮演善意給予者的角色，每當有人向她抱怨時，她總是盡力以圓滑的言詞勸導對方，而非煽風點火。

最後我們還是得說，在某些狀況下，仁慈是困難的——面對明顯帶有刻意侵略性和控制欲的人，我們應盡力使自己不要因此滿懷敵意，以便可以用一種審慎、不帶天真的仁慈處理事情，通常這樣的態度就會讓情況變得容易許多。

幫助你培養「仁慈」的三項建議

克里斯多福

- 仁慈就像從混凝土縫隙間冒出的嫩芽，即使我們最初認為沒有空間容納它，但這些嫩葉最終會茁壯生長，並使周遭的氛圍變得和善。
- 將「仁慈」與「個人價值判斷」切割開是很重要的一件事，所有人類都值得被仁慈對待，因為仁慈並非對人的獎勵，而是對於人身而為人的肯定。盡力使自己展現出仁慈與善意，即使面對和我們截然不同，甚至在我們看來帶有惡意的人也是如此——仁慈能引起或喚醒這些人內心的人性（以及他們的罪惡感）。

- 盡己所能，讓我們的日常生活和人際交往間都充滿仁慈的眼光、手勢與言語。試著頻繁扮演「毒素處理者」的角色——當樹木製造氧氣、人類散播仁慈時，地球和人類都能活得更好。

無條件的仁慈

「無條件的仁慈」，意指不要將任何人從我們的心中排除。

馬修

我們可以從擴展心中仁慈的界線開始，最終隨著仁慈的包含範圍越來越廣，那道界線將會消失，仁慈將與天地萬物同在。當然，我們不可能將全人類的幸福都擔負在肩上，更何況還有其他八百萬種動物——這是一種美好的嚮往，但遠遠超出了我們的能力。從另一方面說，任何在這個範圍中的存在物，都可以是我們仁慈的對象。

幾位經常與我交流的哲學家，包括強納森．海德特都認為，這種無條件的仁慈是屬於上天的能力，對人類而言並不實際且無法達成。海德特認為，仁慈應該作用於與我們親近的人，要對天地間的一切存在都懷抱著仁慈是不合理的想法。然而，在將仁慈的範圍擴展到萬物的過程中，我們並不會減少對身邊親近之人的愛，反而會更愛他們，因為我們懂得了大愛。

試想，如果陽光決定只落在某些人身上，而不願意普照大地，那麼那幾縷照射在特定人物身上的光線，將顯得多麼微弱而清冷啊！那些只願意對小群體展現仁慈的人，擁有的是一種殘缺且狹窄的仁慈。更重要的是，生命中有些人離我們這顆「仁慈的太陽」較近，他們就會像物理上距離恆星較近一樣，接收到較多的光和熱，但這並不是以排除他人為代價的；事實上，仁慈排除了偏見、宗派主義、教條主義與歧視等社會弊端。

整體而言，無條件的仁慈並沒有不切實際的部分，我們只需要在心底默默祝禱：「願天下眾生無一例外的找到幸福，遠離痛苦。」就可以了。

幫助你達成「無條件仁慈」的四項建議

馬修

- 讓我們盡力擴展自己仁慈的範圍，能包含天地之間越多的眾生越好。
- 讓我們希望有朝一日，能在心中容納天地萬物。
- 讓我們意識到「無條件的仁慈」並非遙不可及——眾生萬物都希望能遠離苦難、得到幸福，只須祝福他們的嚮往得以實現，就等於將仁慈擴及到萬物之上。
- 同時，讓我們在言行上雙管齊下，增進對於仁慈的展現和實行。

寬恕

克里斯多福

「寬恕」到底是什麼意思呢？如果我受了傷、遭受侵犯，或是別人傷害了我，寬恕又意味著什麼？當我們在心理治療中談到寬恕時，人們通常會產生誤解，往往以為寬恕意味著「赦免」，並在某種程度上代表「順從」。

寬恕療法的相關研究顯示：首先，只有在沒有任何形式的脅迫的情況下，寬恕才有意義，寬恕必須是由受傷者自由決定的行為。其次，寬恕是一種私密行為，與法律上的判定完全無關。一位希望病人可以學會寬恕的治療師向此人解釋說，寬恕並不意味著在眾人面前公開和解，而是在自己內心裡原諒。這與遺忘或否定惡無關，「使自己擺脫這種痛苦」是個人的私下決定，因此寬恕是一種解放的行為，它使一個人從怨恨中解脫出來，擺脫了想使對方為此受苦的復仇心理。

幫助你練習如何「寬恕」的兩項建議

克里斯多福

- 尋求寬恕是修復內疚感的一種方法，而它比表面上看起來複雜得多。在很多情況下，我們都忍不住迴避尋求寬恕，因為即使我們知道自己傷害了對方，卻仍然認為對方負有共同責任。尋求寬恕並不意味著我們是唯一的罪魁禍首，也不意味著相較之下我們不如他人，這僅僅是承認我們自己造成的傷害，也希望對方接受我們的道歉。
- 在教導病人學會寬恕的過程中，我們常常建議他們從「小小的寬恕」開始練習：在小事上原諒我們的配偶、原諒我們親近的人。這種練習可以讓我們跳脫出「誰對誰錯」的鬼打牆，重新檢視自己的行為：即使我可能是對的，我依然使別人受傷了。如果這是一段健康的、我們想要繼續維持的關係，那麼我就該適時尋求對方的寬恕並和解，這才是修補因生活磨礪而疲憊的關係的良方。

一致性

克里斯多福

如何用一種自己嚮往的方式生活？我們能言行不一嗎？可以用不同的標準檢視自己與他人嗎？那些公開宣揚某些價值觀的人，內心深處所想是否與他們大聲傳布的訊息一致呢？

每次發現有人私底下言行與檯面上相差甚遠時，我們總會覺得很不舒服，當國會代表一邊高談行政整頓，另一邊卻不繳所得稅、出現財政舞弊時，我們很明顯的看到兩套標準。當然，我並非鼓勵獵巫、用放大鏡檢視所有公眾人物是否完美無缺，但至少他們檯面上的發言必須與私底下的行為一致——如果做不到，就應該要承認過失並且閉上嘴巴，停止對他人的種種指摘，而更重要的是，要開始修整自己的行為！

為什麼我們高度重視一致性？

我腦中第一個浮現的答案是：這就是教授與人生導師的差別——一位教授可以教導某些特定的知識，但他本人可能與完美相距甚遠；而人生導師則能為自己的言論以身作則。

在我看來，一致性談的是同一件實體中，不同元素間的平衡，例如我們可以說「理論的一致性」「某人的一致性」「存在態度的一致性」。

「真誠」則是另外一種與個人承諾相關的特質，它指的是人能抵抗誘惑、機會、怯懦、放棄等，所有可能使我們與理想狀態遠離的力量。就像「高傳真音響」之所以稱為「高傳真」，正是因為它能維持高度的真實性，而我想成為「高傳真的人」，也就是能真實面對自己，並維持自己理想性的人。當然，關於理想，能討論的不只有一致或真誠這種特質，我們也該思考如何才能選擇「良好的理想」。

我在「一致性」的這個主題中，還看到另一個問題。我有許多言行非常一致的朋友，價值觀非常堅定，在政治、宗教或其他議題上有很明確的抉擇，我當然尊重這些抉擇，但他們毫不妥協，有時甚至會以暴力方式捍衛自己的觀點。我因此在這種高度一致性的背後，隱約看到一種會使他們凍結、封閉、僵化的力量——在什麼樣的情況下，價值觀上的言行一致能為我們點燃人生的明燈？又在什麼樣的情況下，這樣的力量會使我們故步自封、失去彈性呢？因此在選擇自己的理想時，必須謹慎思考、擇善固執。

至於如何在現實生活中維持自己言行的一致性，我有許多經驗可以分享。我常常受邀參加會議、晚餐、晚宴等，這些邀約使我備感榮幸，因為這代表我的存在使他人感到愉快，但是與此同時，我卻不是每一次都想答應這些邀約，或許因為我很疲倦，也或許因為這些邀約並不在我「生命的優先事項」名單上。

真誠的維持與自己價值觀的一致性，並不代表要傷害那些對我釋出善意的人，但我也不應勉強自己。這種情況該如何解決？謊言是一種簡單的解決方案，從前我常常告訴對方：「不好意思，我已經有約了。」但我現在越來越傾向回答：「不好意思，但是我需要休息。」或者「如果我的時間允許，我很願意參與，但這一次真的沒有辦法。」等等。而當我使用書面方式回覆時，我通常這樣回答：「我希望自己的行為維持與我書中內容的一致性，我鼓勵所有人照顧自己、尊重自己、傾聽自己，因此我也必須如此做，所以很抱歉我無法出席您的邀約。我很欣賞您，謝謝您的邀約，這對我而言意義非凡，但是請恕我無法赴約。」有時當我身體狀況很好時，我會使用作家朱爾・勒納爾寫在日記中的方法婉拒邀約。勒納爾寫道：「真正自由者，是能不須用藉口來拒絕一頓晚餐邀約的人。」因此我會簡單明確、不找理由的回答：「謝謝您的邀約，但恕我無法前往。」

幫助你活出「一致性」的三項建議

克里斯多福

- 努力成為「高傳真的人」，在日常生活中盡力調整行為模式，使其與理想一致。我們不必時時完美，但必須時時努力讓自己接近理想的目標。
- 我有一項試圖要達成的重要行為目標：盡己所能不要說他人壞話。倘若我實在做不到，我會努力只說我敢當著此人的面提出的負面評價。
- 理想目標與一致性之間的關係，不該轉變為一種面對自我的暴政，在自我要求時必須同時懷抱著對自己的善意，以及對於自己犯錯的包容性。衡量自我時，也請把自己當成正在修養道路上努力前行之人，而非已經達成目標的人生模範。

修心

亞歷山大

在我眼中，修心、靜心和思想訓練起始於對自身內心的探索，我們必須往下探尋一層，甚至十幾層，才能到達自己的心靈深處，遠離平日的各種躁動與焦慮。簡而言之，「修心」意味著破譯自己的內心，使自己遠離各種心理影響，並運用仁慈來使瘋狂的想法安定下來（自我往往是個偏執狂或暴君），擴展自己的心胸，並逐漸擺脫各種偏見。

在心靈的表面住著所謂的「自我」，其中充滿了貪婪、恐懼、心理投射，以及執著的不滿。然而在我們內心深處，佛性的本質等待著我們，帶給我們寧靜、和平，以及難以想像的精神自由。

為了開始掌握並節制自己，我們必須勇於面對心靈診斷，並認知到自己事實上往往被恐懼和內心千奇百怪的情結及妄想所操縱。來吧！對，往前再踏一步。我們就像木偶、布袋戲偶，甚至是奇怪的機器人一樣，不由自主的被推著向前。幸好，有種種「修心」的練習法門，可以教我們如何在混亂中翩翩起舞，卻不會為自己增添多餘的煩惱。

事實上，修心一點都不艱難，幾乎可說像是一場遊戲：追蹤自己的心靈電波、觀察自己頑固且前後矛盾的渴望、破除使自己脫離現實世界並失去自由的種種幻想。

自我調整最主要的重點之一，是化解過去遺留下來的定時炸彈：各種創傷、損害、從未達成的期望、缺乏被愛的經驗、背叛、失望等等。對自己內心的詳細檢視，可以讓你重新審視種種平庸、被遺忘的事件，發掘昨日的寶藏和幽魂，以識別其作用在我們身上、如何改變我們的生命與生活，卻從表面上難以察覺的影響。

我們需要花多少時間，整理一次因簡單記憶而引起的氾濫情緒？禪宗在修整自己、昨非今是的議題上，採取重新出發、更新自己、甚至是重生的態度。我們也可以嘗試用享受的態度，觀察自己心靈發出的種種訊號：「一時快樂一時爽，往後可能不太爽」「我覺得這遲早會出事，好好準備啊！」「啊啊啊我想要更多，再來一點！」「給我一些吃的，我超級餓」……生活中有許多引誘我們、讓我們脫離現實的事物，我們要努力使自己維持在正確的方向上，穩妥的前進。

＊延伸參考關鍵字：改變（一〇三頁）、心靈（九三頁）、靜心（二〇九頁）

幫助你進行「修心」的兩項建議

亞歷山大

● **「修心」不是將自己的心靈填滿**

事實上，毋須累積知識，修心是關於使自己擺脫條件反射、陳腔濫調、自我防禦以及自我欺騙。

我們可以將蘇格拉底著名的格言「我知道我一無所知」，稍微改寫並加上幾句話，幫助自己變得更好，例如：我知道我不知道該如何休息、該如何寬恕、該如何欣賞生活、該如何打發一個小時而不會閒得發慌等等。明白這些種種的「不知」，會為我們帶來進步。

● 讓我們回到做出判斷之前的狀態

仔細觀察一朵花、面對風景思索、讚嘆一張美麗的臉龐……每一次這樣的經歷都應該是全新、豐富而濃郁的。我們要按捺住自己，不輕易的將這些經驗歸類、分別、與過去的痕跡或已知的事物進行比較。

讓生活自然而然的安住在我們身邊，不要強迫生活符合我們的預設，簡而言之，我們要讓自己重新獲得初生之犢對世界的讚嘆能力。

內在和平

克里斯多福

幾年前，在法國的康沃爾度假時，我獨自一人走在一條沿海小路上，並且在山丘頂上找到了一張長椅，坐在上面看著夕陽西下時分的瑰麗大海，這個地方非常美麗。長椅背上刻寫著一個小小的「安息」，並有一小段文字，提及一位我不記得名姓的當地紳士喜歡每天到這裡坐坐，直到人生中的最後一天為止，他都一直維持這個習慣。此時的我像他一樣在這裡坐下，內心感受非常美好，就像自己與一個龐大的內在和平寶庫進行了直接的連結。這是種奇妙的感覺。當然美麗的外在環境有所助益，但是它的作用是喚醒了來自我自身內部的這些和平能力。

我花了些時間觀察自己的心理變化：這種和平的感覺引起了內心各個領域的改變，我開始感到平靜，並同時充滿了仁慈、寧靜、客觀，並對生命中重要的事情有了一種明澈的理解，也辨認出什麼事情只不過是種泡影。我像是得到了一種輕盈且根深柢固的自由，並牢牢的與現實生死同在，而非處於一種讓自己覺得欣快和興奮的幻想中。在得到內心和平的狀態下，我並沒有與世界或人類隔絕的感覺，反而覺得與一切更加融洽的連結在一起。寫到此處，我思及這位在長椅上留名的紳士，我想對他表示感謝，並將這一刻獻給他。

和平在定義上當然就是指沒有戰爭，甚至沒有衝突和緊張局勢，而戰爭基本上是動員一個國家或一個人的所有力量，去對付一個或多個對手。我們的生活中偶爾必須進行一些戰鬥，但是難道該維持在長久戰爭的狀態嗎？擁有內心的和平並不是要放棄衝突，而是要努力讓自己不會長期生活在低頭猛衝的抗爭中。我們要觀察何時該發動戰爭，以及何時該實現和平（即使是不完美的和平）；我們也應學習不帶著憤怒、不胡亂使用自己的力量與韌性。這項任務很困難，但無疑能為我們帶來豐碩的成果！

也許我們應該更加關注自己內心達到和平的過程，而非只將注意力放在和平狀態本身，因為和平狀態必然是不穩定且短暫的。我們要定期在自己內在進行這種平息有毒情緒的工作，因為額外的憤怒或怨恨不會將我們推向行動，而是讓我們走向爭鬥。

幫助你達成「內在和平」的四項建議

克里斯多福

- 「願原力與你同在」是電影《星際大戰》中多次出現的名句。我們可以加上：「願和平安住在你的內心」，因為這樣一來，你將能更善用自己的原力！
- 內在和平不會滋生消極的情緒，而會給我們一種穩定的承諾。它不會導致單調無趣，而會讓我們可以敏銳的辨別細微差異；這種細微之處往往是焦躁不安的人所無法察覺的。
- 內在和平會增加我們的內心自由，因為它使我們減少了身處消費社會裡，對於刺激和興奮的依賴，例如廣告、社交網路、輕易可獲得的各種引誘等等。
- 但也不要對瘋狂、一時失足、過分或衝動等現象，進行自我審查與自我消毒。任何事情都可能發生，這些失足有時甚至在當下可能是令人愉快的，像是飲酒過量、超額消費、說人閒話等等。但是，內在和平的養成將使我們更快回到自己真正的生命選擇與生命價值的道路上，讓失足僅限於一時，而不會打滑脫軌、發生嚴重事故。

第十二章

身心平衡與實用建議

身體

克里斯多福

做為醫師，我與身體有著特殊的關係，因為這正是這份職業的核心。在醫學院念書的第一年大多都是理論性課程，雖然我們依然會修習生物化學、解剖學，但並未接觸「真正的」身體。第二年，當我們魚貫走入解剖室，我才真正進入醫學這個領域：在一張金屬桌上，躺著一具保存在福馬林中的大體，看著面前這張臉，這具身體的主人曾經活過、愛過，而我們必須四人一組，在這具大體上「練習執行任務」……在一年級期末大考之後，這次是醫學院篩選學生的第二道關卡，班上有部分學生當場昏倒，之後決定轉去念法律。

生與死乍看截然相反，但沒有任何事物比一具大體更能使人反思人生。我尚未完全了解人類的身體，但透過與這些大體並肩前行，在其上操作練習、進行解剖的時刻，我成為了一名醫師；而大體除了讓我學到技術和知識，也使我反思了許多生死的問題。

在醫學裡，與身體接觸的經驗常常是很劇烈的。我還記得在醫學院第三年，擔任實習醫師時照顧的第一位病人——我能回憶起當時實習的部門、秋天亮澄的陽光、病人的房間、他的面孔等等。病人是一名三十五歲、有菸癮的男子，我們剛剛截去了他的一條腿，因為他患了血栓閉塞性脈管炎，這是一種因抽菸引起的嚴重動脈炎。

我發現在這個社會中，人們習慣隱藏起所有這些生死的現實；而在傳統社會裡，孩子可以見到更多正為疾病所苦的身體和屍體。現在的人，都太過受到保護了。

在我讀醫學院的那段時間，盛行把身體看做各種器官的總和，而器官之間彼此互相影響。醫學裡建立「專科」（心臟科、皮膚科、腎臟科等），則是根據分別看待各個器官的原則，而非把人視為一個整體來治療。這種方法雖然使醫學獲得了長足的進步，但也同時帶來了諸多限制。今天的醫學界中，我們重新將身體看做是一個微妙、複雜、靈巧的實體，體內的所有器官相互影響、相互對話，並且具有自我修復的能力，有時甚至有自動痊癒的能力，而醫學必須尊重這種能力。

奠基於類似的過程，當我開始精神科醫師的生涯時，我發現這門學問對病人的身體完全不感興趣——躺在沙發上的病人通常被視為純粹的精神體。精神分析在當時占據主導地位，如同字面上的意思，熱衷於「分析」「精神」，其研究主體是人的智識。而在畢業之後，我開始自己研究情緒與心理疾患的關係（這在大學裡幾乎從未教過），這才發現情緒是身體與精神之間的連結，在身體和心靈雙方面，都對我們有著根本性的影響。

時至今日，所有從事心理學領域工作的人們終於都明白，身體不僅僅是個工具，也不是器官的總和，我們不該認為身體必須沉默，以避免影響心靈。事實上，身體正是進入心靈的一扇門，是一個複雜而靈巧的實體，必須透過各種方法加以悉心照顧，例如靜心、飲食、運動等。

在照顧身體的同時，我們必須在否認輕視與執著迷戀之間找到平衡。就像許多年輕人一樣，我也有點輕視自己的身體。我記得有一次在滑雪時受傷，腓骨骨折了，但我當時手上有太多工作，因此受傷之後整整一個星期，我一直用骨折的腿強撐著走路，想辦法說服自己那只不過是扭傷而已。然而實在是太痛了，最後不得不去找了隔壁部門的一位放射科醫師替我看看。對方盯著X光片中那嚴重的骨折許久，然後轉過來看我，想知道我如何能用這隻腳撐了八天。「你是哪一科的醫師？」我回答我是精神科的，接著就在他的臉上看到了一種既困惑又釋然的表情。「啊，精神科啊，這樣我就懂了……」

好在隨著年齡的增長，我也漸漸學會更專注、細心照顧並尊重我的身體，同時提醒自己也不要矯枉過正。

幫助你找到與「身體」溝通之道的兩項建議

克里斯多福

● 像尊重大自然一樣的尊重自己的身體。身體並不真的「屬於」我們，就像大自然不屬於我們一樣。我們是這具身體的「房客」，就像我們是地球的房客一樣。在我們離世之後，身體將回歸於自然，而自然將繼續生生不息的流轉下去。我很喜歡尼采所說的這句話：「我有一句忠告，給那些鄙夷自己肉體的人。我不要求他們改變想法或重建信念，我只要求他們解除自己與身體的連結。這樣就可以讓他們閉嘴了。」

● 照顧自己的身體並不代表要執著於其外表或功能，而是要根據身體的需求，給予適當分量的休息、放鬆、愉悅、營養、運動等等。只要做到以上這些，並且不揠苗助長，留給身體自我發展的空間，它就能自然呈現出好的狀態。

衰老

克里斯多福

身體會自然邁向死亡，在此之前，它會先自然邁向衰老。就我個人而言，十年的時間門檻（三十歲，四十歲，五十歲等）並不代表什麼，真正使我在意的是生命中的各個階段：當我的頭髮開始脫落、鬍子變白、再也沒體力打橄欖球或攀登高山、關節開始持續疼痛……身體的老化教會了我如何超脫，也就是說，所有這些小小的局限，迫使我接受自己變老，並讓我準備好有一天我會離開自己的身體。

正常看待自己的老化問題，可以幫助我們減輕對死亡的恐懼。在我看來，老化的目的正是為此而存在的，為了讓我們到最後要離開自己的身體時，比較不遺憾。等我九十歲的時候——如果我能活到九十歲的話——再來和大家談談這些吧！

幫助你好好「衰老」的建議

克里斯多福

接受並喜愛自己的衰老，將老化的過程視為不讓自己依附於肉體的一種協助力量。衰老可以讓我們用緩慢且毫無遺憾的方法，準備離開自己身體，因為身體只是此生中我們暫時棲息的容器，在我們走後將被大自然回收，利用於後人身上。

斷捨離

克里斯多福

我們西方人的邏輯與「斷捨離」完全背道而馳，因為我們注重「積聚」，我們想要累積幸福、知識，甚至累積人際關係（例如透過社群網站）。這種積聚有時超過了實際上合理、有用的範圍。我偶然在閱讀中瞥過一句話，讓我印象深刻：「面對智者時，不要問智者比我們多擁有什麼，而該問智者比我們少擁有什麼。」

在工作中上，所有病人都能在情緒上觸動我，但是其中「囤積症」的病人特別使我感觸良多、慨嘆甚深。這些病人因為身患強迫症，因此不會扔掉任何東西，我說的是「絕對」不會：他們留下報紙、包裝盒、空瓶子、衛生紙捲中間的紙芯、破舊的衣服等等，他們的情況有時會被稱為「第歐根尼症候群」（囤積症）。

這些病人如果住在大房子裡，常常會引起周圍鄰居們的抱怨，因為病人的花園幾乎都會變成專門存放紙箱和生鏽鐵罐的倉庫；而病人若住在小公寓裡，情況也不會比較好——我常為病人進行行為療法，因此有時會去病人的家中實地幫助他們，我看過不少住家內部，被成堆疊放、直達天花板的報紙和空鞋盒分隔出狹小的通道，整間房子完全變成了迷宮。

這些囤積症的病人遭受了很多心理上的折磨，見到他們，也迫使我向自己提出這個問題：他們所處的狀態的確極端，但是你自己呢？你難道不也已經有一隻腳踩進了同樣的坑裡嗎？

在「斷捨離」這一方面，我完全不是一個好榜樣，我不喜歡丟東西。而這個習慣在我身上其來有自。我的父母是嚴重的囤物者，在生活中常想著「以防萬一」「這條線還是不要扔掉好了，搞不好哪一天會用到」或「我們可能需要用到這些舊報紙，你想想如果哪天汽車下面漏了油」。我一直以來都能感覺到，這種習慣使他們在心裡和實際生活雙方面都受到困擾，而這份困擾遠遠超出了囤積的物品所能提供的用處。我觀察到自己在喜歡的物品上也出現了同樣的現象，例如我幾乎不可能丟掉任何一本書籍，也難以丟掉多年以前收到、現在已乾縮不成形的禮物，因為這是人家送我的呀！我也完全沒有能力丟掉女兒小時候畫的圖畫或兒時玩具，我的妻子只能偷偷把它們扔掉……

整體來說，要丟棄對我們來說具有情感意義的物品，是件很痛苦的事。我記得父親去世後，我和母親一起整理房子的那段時間。對我而言，這個過程非常複雜；對我母親來說，更是難以想像，因為她覺得丟棄這一切，就像是要讓她拋棄自己的生活一樣。

為什麼在這樣的時刻裡，我們會如此依戀自己的回憶？毋庸置疑，回憶能給我們一種凝聚自己的力量，一種更能了解自己是誰、來自何方的感覺，但是如果你仔細思考，就會發現這些物品帶給我們的害處遠多於益處。事實上，在某些時候，停止囤積對自己比較有益。

我有時覺得自己似乎不是唯一有這種毛病的人，我常在身邊看到各種形式的累積，例如有些人執迷於拍照，在家庭聚會、出門旅行時，有越來越多「瘋狂攝影師」會拒絕與眾人同樂，只因為他們想待在一旁拍下最好的照片。而事實上他們得到了什麼？那些照片最終會在電腦裡面老死不見天日，因為我們最多選幾張出來觀看，不會像看實體相冊那樣逐一瀏覽。

還有一種執迷是發生在社群網路上，我們會想盡可能與更多人保持連絡，隨時發送數百則訊息或照片，這種行為也源於一種囤積的心態，因為不想要丟棄、遺失生活中任何一個時刻。

我們所處的時代，顯然與先前的時代截然不同，人與他人、與物品之間的連結相對稀少，卻更為緊密。事實上，我們生活在一個充滿毒性和絕對危害性的社會中，因為這個社會的氛圍鼓勵人們進行購買、擁有、囤積，然後一段時間之後，社會氛圍又敦促我們丟棄，因為先前的產品已不再流行或被主流淘汰。這種丟棄明顯不是為了我們的利益，而是為了騰出空間來購買其他東西。

這個循環是非常有害的，因為資本消費社會已經注意到，我們沒有無限的生活空間，因此會不可避免的衍生出丟棄的需求（即使只是物質上的），但資本主義社會藉此機會，讓對斷捨離的需求搖身一變，轉變為更新現有物品的消費需求。

在心理治療領域中，我再次觀察到醫生的思維依然專注於尋找及彌補病人的不足，例如：我們可以如何給予沮喪者「更多」的活力？教導害羞者培養「更多」社交能力？幫助情緒過激者獲得「更多」情緒調節的能力？灌輸上癮者「更多」自制力？

在這個主題上，靜心練習使我另闢蹊徑，想到我們其實可以鼓勵人們朝著「減少」的方向發展，例如減少鑽牛角尖，減少胡思亂想，減少對事物的依賴，減少對控制的渴望等等。

這是一個很新穎的想法，而事實也證明，這個想法對我在工作上的進展和個人生活中的行為調整，都非常有幫助。

＊延伸參考關鍵字：需求（一〇六頁）、空手而歸（一〇七頁）

幫助你實現「斷捨離」的三項建議

克里斯多福

● 減輕自己在物質上的負擔

我在這裡引用馬修的口頭禪：「我什麼都不需要。」如果這句話還是太難做到，那可以試試看：「我不需要這麼多東西。」

每一次去超市採購時，把東西放進籃子裡之前，問問自己：「我真的需要這個東西嗎？」「這個東西會讓我今天心情比較好嗎？」「明天呢？一個月後呢？一年後呢？」

● 減輕自己在娛樂上的負擔

我們想做太多事情，也讓孩子參與太多活動了，但我們真的需要這麼多娛樂嗎？如果我們減少一些娛樂，能活得更好嗎？如果我們留下一點時間給自己，拿來思考、透氣，甚至什麼都不做呢？

● 減輕自己在心靈上的負擔

減少自己心中的憂懼，像是對未來的憂懼、對自身形象的憂懼、對自身安全感的憂懼。

努力

馬修

要做到「努力」，我們需要良好的動力和一個目標，但是在真正傾注努力之前，我們需要審慎檢視自己的目標。

我們可以渴望變得有錢、有權、有名，卻在二十年後發現自己大失所望——這一切都沒有為我們帶來絲毫的豐足感。事實上，如果我們只是不假思索的往前衝，就很可能為不值得努力的目標所困。

佛家常言：「種什麼因，得什麼果。」因此我必須反問自己：「我的這些努力，是為了某些自私自利的目標嗎？我是否將他人考慮進去？我這麼做，對他人好嗎？對他人有損害嗎？這些努力都值得嗎？會給我深層的滿足嗎？如果我的目標對他人有利，那是僅適用於少數人，還是能施惠於多數？是短期的利益還是長期的實惠？」做一件事情的意圖，將會決定我們熱情的方向和程度。

在走上了正確的道路之後，還必須在努力不懈與輕鬆隨緣之間取得平衡。佛陀曾講述一位門徒無法「努力得恰到好處」的故事。門徒對佛陀說：「有時我完全沒有動力，於是我完全放手、順其自然，結果什麼也沒得到；有時我又太掛心、太緊張了，以致無法進行靜心。」

這位弟子是一位維納琴樂手（維納琴是一種類似西塔琴的古印度撥弦樂器），於是佛陀問他：「你如何調整樂器，以獲得最佳的琴音？」這名弟子回答：「我會確定琴弦既不過於緊繃，也不過於鬆弛。」佛陀於是說：「修行也是一樣的。」過於放鬆，會使頭腦變得渾濁，過度勞累會使心靈煩躁，而這兩個極端都被證明會降低我們的生產力。

在當代心理學中我們談到，若要進入所謂的「心流」狀態，必須擁有適當的媒介。心理學家米哈里・契克森米哈伊將「心流」定義為一種充分沉浸於當前事物的正向心理狀態，我們的行為、動作以及思想，都非常順暢的相互流通連結，因此我們會忘記時間的流逝、忽略疲憊、淡化自我存在的意識。要進入這種狀態，我們面對的狀況既不能太困難（否則我們會太緊張），也不能太容易（否則我們會感到無聊），而心流被認為是一種滿足感非常高的心理體驗，因為整個人的身體與心靈都投注在當下。

即使沒有外部活動，我們依然可以進入心流狀態，例如在意識覺醒後思考心靈的本質，就是一種非常深刻且成果豐碩的活動，可以讓人進入心流狀態。而透過消除自我執著，我們也可以達到全然向他人開放、內心安詳平靜的境界。我見過契克森米哈伊八次，他能將自己所教授的內容付諸實踐，因此八十歲的他從內在散發出一種自然而平靜的善良，非常鼓舞人心。

因此，我們必須在努力不懈與放鬆隨緣之間找到適當的平衡，如此一來，才能得到最大的進步。藝術家和工匠們都深知「過度努力」和「盲目一頭熱」反而會破壞他們的作品，正如同俗話說：「慢工出細活，欲速則不達。」

我記得在尼泊爾的修道院度過了四十五天的避暑休養後，我們在鄉下舉辦了一次野餐會，年輕的僧侶們安排了一場跑步比賽。我比他們年長三十歲，哨音響起時，我像野馬一樣一邊喊著：「衝呀！」一邊往前飛奔了十公尺，滿心以為自己人生中光榮的時刻即將來臨，不料我很快就被追上了，最後我毫不意外的遙遙殿後，成為最後一名。

幫助你更妥善管理「努力」的四項建議

馬修

● 努力應當鍥而不捨，並量力而為；滴水可以穿石。

● 對自己保持仁慈。不要因為自己的局限性而憤怒氣餒，不要責怪自己做不到能力範圍以外的事；在努力嘗試後若是失敗，依然要記得保有勇氣。

● 不要低估自己能在思維層面上做到的改變。我們必須對不同的選擇抱持開放態度，在情勢必要時，靈活的改變方向，並在失敗時找回內心沉著的平靜。沒有人可以剝奪我們心靈深處的平和與自由。

● 培養對他人無私的愛，如此一來，我們才能與生命中種種的變幻莫測拉開距離。

快樂的努力

亞歷山大

誰說通往自我實踐、成長、得到健康與智慧的道路一定充滿痛苦與荊棘？「需要努力」並不一定代表非要做到「寒徹骨」，才能獲得「撲鼻香」。事實上，這種勸人吃苦的諺語，有時反而會讓我們遭受不必要的苦難。

史賓諾莎把我從這種困境裡解救出來，因此我常常引用他在《倫理學》一書中所說的：「人類能平抑情感的唯一方法是知性，但沒有人因為壓制情感而能感受到『天國八福』（注：記載於《馬太福音》「登山寶訓」中的八段祝福），相反的，人們能平抑情感的能力來自於對天國八福的感受。」

史賓諾莎也同時表示，這條道路既艱難又罕見，因為需要不屈不撓的努力才能達成。哲學家塞內卡也警告我們：「一直更換藥方的人是無法治好疾病的。」因此我們不禁會問：什麼是能讓我們節制自己的關鍵？在實踐禁欲和自我控制時，要怎麼樣才能感受到樂趣呢？

幫助你學會「快樂的努力」的四項建議

亞歷山大

●「適度的努力」

釋迦牟尼是位傑出的醫者，他曾說，為避免自己在路途中精疲力盡，最好在出發之前詢問自己：是什麼使我付出這份努力？我前進的力量從何而來？我該如何自我充實，以免徒然消耗自己的精力？

●在禁欲中使自己感到滿足

若我們無法安放自己、無法真正感到快樂，就容易陷入具有欺騙性的激情深淵。維摩詰菩薩在《維摩詰所說經》中，讚揚了修行者的快樂——是的，致力於實行美德、使自己遠離誘惑、忘卻怨恨、消除負面情緒等，都能使我們獲得幸福。讓我們無節制的享受「節制之樂」吧！

●溫和的督促自己修養生息

想要努力有所成就、長期堅持不懈、並在生命的馬拉松中雀躍的前進，我們需要能停下腳步的勇氣，給予自己歇息的時間，並能在必要時選擇不進行爭奪。在開始一項禁斷之前，我們該詢問這些能使自己通向自由的問題：什麼樣的做法能使我們真正放鬆？如何能消除自己的緊繃與張力？

常與益友來往

在人生的路途上，往往會遇到許多難題，使我們不知所措、心力交瘁、彈盡糧絕。獨自面對這種狀況，容易陷入心神頹喪、無法自我解救的困境。若我們能與他人分享自己的努力、訴說自己的失足、開誠布公的檢視自己、與朋友一起充實心靈，就能找到對付絕望的解毒劑，並將自己從過於嚴苛的標準中釋放出來。

傾聽

克里斯多福

「傾聽」可以被定義為一種與他人在一起時，全神貫注的狀態，而在這段期間內，我們所有注意力與意識都集中於對方的敘述。

傾聽是一種複雜的心理狀態，因為我們同時給予並接受；傾聽也是一種謙卑的行徑，因為我們在此時把別人的優先順序擺在自己之前。

自戀者通常極不擅長傾聽，而當我們焦慮、狂喜或心中充滿太多自己的憂慮時，我們也會失去好好傾聽的能力，這是連假裝都假裝不來的！

在「傾聽」此一行為中，我們總結出三種基本機制：尊重他人的發言、學會放手，以及讓自己被感動的能力。

「尊重他人的發言」，意味著你在傾聽對方說話時，不對聽到的內容做出批判。這是非常困難的一件事情，因為我們的心理作用往往會自動做出評判，例如我們喜歡或不喜歡，同意或不同意，我們認為這種做法是對或錯、明智或愚蠢等等。我們很難阻止大腦產生這些判斷，並傳送到我們的意識裡，然而每當注意到這種現象時，都應在心裡留意，與大腦拉開距離，盡我們所能返回真正的傾聽狀態。

第二種傾聽的機制，「學會放手」，是我的病人教會我的。那些非常羞怯或非常焦慮的人，往往害怕自己無法提出與他人發言同等程度的回應，以致他們無法好好的傾聽，因為他們正在準備自己稍後要提出的回應。在真正的傾聽中，一個人不該為自己的反應做準備，而應學會放手，只是純粹的傾聽。有時我們可能會認為這麼做，有一點誠意不足，但事實上，由於我們完全放棄為自己的答案做準備的想法，因此事後的回應將能更加深刻、更適切。學會放手是真誠傾聽的必要條件，在這種狀態下，我們才能不帶評判心、控制欲和任何意圖的去傾聽，也因此隨時可以「被感動」。

我是個性格內向的人，這意味著我天生就更喜歡傾聽，而非發言。但我發現隨著時間發展和工作經驗的累積，我依然能提高自己的傾聽技巧，尤其是透過靜心練習，使我學會了在不準備答案的情況下，就能以一種完全放手的態度開始傾聽，並使自己能沉浸於對方的言詞中，以開放的心態聽取他人的陳述。

在醫療行業中，這並不總是一件容易的事，有研究顯示，平均來說，醫生會在二十至三十秒後，打斷病人的自述，因為醫生們傾向於尋找症狀、快速找到問題的答案，並在醫病關係中掌握話語權。我有幾位同事，都是資深且經驗豐富的家庭醫師，他們曾與我分享自己犯下的醫療錯誤——幾乎所有的錯誤都來自於缺乏傾聽——他們沒有多讓病人說話、沒有問夠多的問題、過早下判斷，將病人導向醫師認為該進行的治療方向。

人們普遍認為，治療就是做出診斷、開出處方並提供建議；或認為治療就應是給予藥物和衛教，而不是傾聽。其實醫療過程有點像是為人父母，我們總想給孩子建議、教育他們、安定他們、撫慰他們等等，但我們往往不善於傾聽孩子，在那些很寶貴的時光裡，不讓孩子說他們想說的話。

幫助你更善於「傾聽」的三項建議

克里斯多福

- 比起「敘述」，在「傾聽」中我們能得到更多的進步。敘述當然能幫助我們整理自己的想法，但相較之下，傾聽更為有力，因為傾聽引導我們認識他人的世界。
- 記得不斷提醒自己，傾聽是一種給予。不僅是給予回應，更重要的是給予尊重與注意力。

● 我們必須清空自己，才能更善於傾聽。例如清空自己的恐懼（不知道說什麼的恐懼、不知道該怎麼回應對方的恐懼），清空自己的成見與不耐。

連結

克里斯多福

許多研究皆具體評估過，與他人的連結對人們造成的效果。例如從生物學上來說，在實驗室裡可以觀察到，當人們處在承受壓力的情況下，好比必須在不以為然的聽眾面前掌握話語權，如果房間內有一位自己的好友在場，人們的唾液皮質醇（一種壓力指標）的數值會比較低。

但是，與他人的連結也會改變我們對世界的看法，以及我們看待困難的方式。一份非常有趣的研究顯示，當要求志願者評估一座山的高度時，如果他們最好的朋友在旁邊，志願者給出的高度會比較低，山坡的陡峭程度也會變小；但如果志願者是一個人待著，那麼同樣的山似乎會顯得更高，而坡度也會更陡。

當我與病人第一次見面時，我總是會和他們一起盤點他們所擁有的資源：除了心理資源與物質資源外，關係資源也是不可或缺的！「隔絕」——即被迫忍耐孤獨，而不是主動選擇孤獨——是精神健康和身體健康的主要威脅。在面對問題時，我們顯得脆弱的主因是沒有可以依靠的家人、朋友和熟人。這也就是為何當我還是一名年輕的精神科醫師時，我就對社交恐懼症患者非常感興趣：這些病人除了容易在他人面前感到焦慮外，通常還缺乏「關係資源」，因此經常顯得不穩定。此外，所有研究都證實，廣泛而多樣的社交網絡（家人、朋友、熟人）是我們抗壓性和幸福感的來源。

*延伸參考關鍵字：不和諧（一二〇頁）

幫助你建立「連結」的四項建議

克里斯多福

人與人之間的連結可以分為四大類，彼此之間是同心圓的關係。建立不同種類的連結非常重要，就和需要攝取多樣化的營養一樣。

● **親密者**

這些人幾乎每天與我們生活在一起，我們每天會有肢體接觸、親吻等等，通常是我們的家人和最好的朋友。

● **熟識者**

朋友與同事，我們與其有頻繁且聚焦於某些事物上的溝通和交流。

● 點頭之交

所有我們在社交網路中能連結上的人們，我們與這些人偶爾見面、彼此記得對方。

● 陌生人

根據每個人的性格，我們也有機會與陌生人建立連結。在街上、大眾運輸中、商店裡，我們可以與陌生人交談，他們或許是資訊和協助的來源，而相對的，我們也可以為陌生人提供協助。

一位研究社會關係的專家提醒我們，不應該只擁有親密和熟識者，我們應該平衡的建立這四種連結，主動接觸並接受他人伸出的手。我們可以開啟與陌生人的交流，對點頭之交、鄰居、店員都展現出熱情，這不僅對自己的情緒有幫助，也讓我們與世界接軌，讓我們變得更好、更有人味。

泰然

克里斯多福

泰然並非淡漠或無動於衷，而是在生活發生波折時卻保持鎮定的能力。此處我談的是日常生活中的波折，像是孩子們在我們睡眠不足且正為工作煩惱時爭吵不休，或是在旅程歸途上錯過火車，但有一場重要會議正等著我回去參與等等。

我對於「泰山崩於前而色不變」的這種大場面不感興趣，我談的是更務實、小規模的泰然自若，也就是不會對生命中遇到的種種不順過度反應，並產生憤怒或壓力。

泰然是能加以練習的功夫，我很尊敬那些可以達成這項修練的人。

幫助你達成「泰然」的四項建議

克里斯多福

● 該如何做到泰然？

毫無疑問的，我們應在每天靜心或晨禱時，都將其做為今日的目標。

● 培養簡單的自動反應

面對障礙時，請記得先深呼吸，告訴自己這就是生活，生活就是這樣。

● 無論我們當下的反應是什麼，事後都要真誠的進行回顧

如果忍不住生氣了，請回想讓自己生氣的事情，將其拆解開來分析，然後想像一下，自己下次應該做出什麼反應。

如果沒有生氣，請思考自己為什麼沒有生氣（甚至保持鎮定），並找出本次經驗中可供學習之處。

● 這些聽起來太簡單嗎？

實際嘗試一下，你會很快發現事實並非如此。

即使通往泰然的道路還很長，但這些招數是真的管用！

倫理

亞歷山大

生命每天都會在我們面前擺出各種選擇，而這些選擇有時非常困難。該選什麼？該聽誰的？該去哪裡？該怎麼辦？

廣義來說，倫理指的是好好做人、努力成長、完善自己，並開發出心中蘊藏的所有資源。事實上，倫理是一種生活的藝術，透過對自我欲望的節制與心靈的訓練，倫理可以成為精神上的指導原則，使我們邁向幸福的生活。

試圖在生活中走上實踐美德的道路，最好的方法就是像亞里斯多德一樣，相信幸福與至高無上的利益，是我們能完成所有行動的基礎。

如果我選擇生活在人類社會中，而非獨自躲在某間小屋深處，那是因為我認為，人類整體能獲得一種單獨自我無法實現的快樂、平和與偉大。有些人會將道德僅僅視為緊箍咒，或者是一系列用來壓迫人們的指令，而這種想法往往出於健忘，不記得我們在無政府狀態中生活得並不好。

我們在這裡可以提出很多問題：是什麼促使我與他人來往？我為什麼要在同類的陪伴下生活？是出於恐懼嗎？還是出於對孤獨的害怕、出於好奇，或出於愛？還是出於無私的理由？

正如佛洛伊德所說，群居需要犧牲部分自我本能，譬如我不能勒死讓我吃閉門羹的鄰居、不能搶劫社區書店、也不能洗劫隔壁的糕點店，因為群體生活中有法律和規則要遵循。

然而倫理與道德不能淪落為對外部規則的簡單服從，我們必須在內心深處找到它們的根源。我們可以參照康德及其對於義務的道德觀念，他有一句著名的至高原則：「我們採取的行動，應該要能符合普遍宇宙的真理。」

但，若是特殊情況該怎麼辦？

如果說謊是錯的，那麼如果我在戰爭期間庇護了猶太人，而蓋世太保問我是否庇護逃犯，該怎麼做才是正確的？

暫時放下比想像中要複雜得多的康德主義，我們依然可以看到，就像達賴喇嘛所說的一樣，沒有哪一些固定的規則會使我們遠離真實生命、令我們成為機械或機器人。

在康德的道德觀之外，我們還有另一個選項：結果論，也就是在面對選擇時，永遠要選擇會帶來最佳結果的選項；而所謂「最佳」，當然意味著實際的收穫。但我們該如何避免在思考時做出簡單且粗暴的量化？

在一九六〇年代，英國哲學家菲利帕・福特舉出了一個著名的例子，而她的一位同事朱迪思・賈維斯・湯姆森在自己的研究中引用了這個例子：想像一下，一輛有軌電車高速行駛，眼看要撞上五個不幸站在軌道上的旁觀者，而有一個辦法可以保全這些人的生命：不遠處有一座橋，橋上站著一個高個子，我們只要看似不經意的推他一下，讓這個人在跌落後啟動軌道切換器，就能使失控的列車轉向，避免衝撞五個無辜之人。當然這麼做會有副作用，也就是這個高個子的死亡。

我們該怎麼選擇？我們該尋找什麼樣的方案？我們該透過犧牲一個不幸的人，來拯救五個生命，或是執行康德所謂的宇宙真理，永遠不要把任何人當做一種手段？從這個例子中可以看見，純粹的理性運算無法在所有狀況中提供解決方案，而我們也應提問：「什麼是理想的解決方案？」

我們不必在康德主義和結果主義之間驟下判斷，但這裡我們可以看到倫理學和道德學的基礎之一（為什麼哲學要這麼努力的區分這兩個詞……），即是讓我們離開自身狹隘的觀點，用更廣闊的角度看事情。

我們可以成為自我世界觀的捍衛者，把自己的觀念強加於人、參加十字軍東征，或成為某個價值體系的狂熱者。但在盲目的相對主義和瘋狂的絕對主義價值判斷之間，讓我們試著在心裡空出一個位置，留給自由、善良和同情。

關於價值觀、道德判斷、善與惡，尼采在《查拉圖斯特拉如是說》一書中談到了三個比喻。首先是駱駝：牠是一種負重的獸類，會在重量之下彎曲雙膝，並不斷將責任加諸在自己身上，甚至會開口要求承擔更多。接著，第二種類型是獅子，牠大聲咆哮、引起叛亂、揭竿起義、破壞法律秩序。最後則是一個能與世界一起玩耍的孩子，他發現了人變化的可能性，因此擁有了創造的能力。

「人變化的可能性」是關鍵字，當我們被錯誤的內疚感、理想性的期待和永不休止的批判所癱瘓時，相信人能變化，可以為我們開出途徑。在試圖把自己的行為標準化、模式化時，人類的自由總會忍不住從縫隙中悄悄溜進來，造成行為的變化，因此沒有所謂一體適用的「行善說明書」，在行動時，我們應該要勇於直達自己內心深處、聽從自己內在指南針的建議。

我們每天早上、中午和晚上，聽取了什麼樣的資訊？是外在規範的戒律？還是受傷的自我所發出的聲音？為了讓自己進行道德挑戰、走上自由之路，我們該放下自我，把內心的空間留給他人，才不會將自己困囿在與世隔絕的狹小空間中。

＊延伸參考關鍵字：道德（一八八頁）

幫助你針對「倫理」提出最適當問題的建議

亞歷山大

什麼是美好的生活？

我們內心深處的渴望是什麼？

我們是否應想像自己生命臨終時，對於死亡、善惡、自我意識等主題可能會有什麼看法？

我們的生存價值是什麼？

什麼樣的舉止和行為，可以展現我們最精華的本質？

辨識力

馬修

一位印度朋友向我說了這一段故事。

一名漁人坐在湖畔的樹蔭底下，與他的孩子們嬉戲，而一名來自城市的旅人經過，注視了一下眼前的場景，然後開啟了對話。

「這位先生你好，可以請問你的職業嗎？」

「我是漁夫，我的漁船在那裡，就在湖岸上，我今天一整個早上都在打魚。」

「為什麼你下午不打魚呢？」

「因為我已經有了足夠的漁獲，可以在接下來的兩天裡養活我的家人。」

「但是如果你一整天都打魚，就可以將多餘的漁獲賣掉了呀？」

「所以呢？」

「所以……你就會有錢僱用一名幫手，這樣一來你就可以打更多的魚，賺取更多的收入。」

「那我要拿這些收入做什麼呢？」

「你可以再買一艘船，然後擴大你的盈利。」

「再然後呢？」

「再然後你就可以退休啦，到時候你就可以享受生活、放鬆心情，跟你的孩子們嬉戲。」

「這不就是我正在做的事嗎？」

辨識力是一種至關重要的能力。若與智慧和思想訓練一起運用，辨識力可以使我們確定苦難的根源，並讓自己擺脫束縛。

許多人想要獲得幸福，並相信達成幸福的條件是富有、擁有權力或名氣，直到有一天得知，在那些既有名、又有錢有權的人之中，有不少人實際上深陷於憂鬱、沉迷於毒品或決定自殺。他們忍不住自問：「奇怪，如果我擁有這一切，我應當會很高興不是嗎？」只要願意花一點時間進行思考，就可以意識到，這條錯誤的道路不會帶來任何深層的滿足感。

這些人呈現出的是缺乏洞察力的後果，且背過身去，放棄追求諸如友誼、寧靜、內心的和平、情感平衡等，然而這些才正是可能為人生帶來持久滿足感的特質。

幫助你增進「辨識力」的三項建議

馬修

● 經過冷靜和真誠的思考後，辨認出那些能增進幸福的外部條件與心理狀態（幸福也就是所謂最佳的存在方式），並找出那些損害我們和他人福祉的因素。

● 盡可能的分析現實世界的本質，以了解「現實」從根本上而言就是無常的，而我們在人和事物上觀察到的特徵，很多時候只是自己心靈的投射。

● 學會管理我們的思想和情緒，並在痛苦的心理狀態出現時，學會將其「釋放」，讓它們像駛過水面的小舟一樣，船過水無痕。

後悔

克里斯多福

「後悔」是個已被科學家廣泛研究的領域，因為後悔會造成人們心理能量的損失。理解「後悔」有幾種不同的方法：我們首先區分「熱後悔」和「冷後悔」，前者是在採取行動後立即發生的，而後者則可能在一天、一個月或更長的時間之後才出現——我們突然認清了某些事情，例如成年人在成為父母後，才意識到自己在青少年時期，曾經對父母做過的不適當言行。

接下來，我們還可以區分「行動的後悔」和「不行動的後悔」。我可能會因為曾經說過的話感到後悔，但我也可能會後悔當時沒把話說出來。研究顯示，對行動的後悔（「我做了一些事情，但並沒有成功，這對我的個人形象、利益，甚至有時對他人的利益來說，都令人感到痛苦。」）會引起強烈的遺憾，因為這種情境是立竿見影的：我已經採取了行動並且宣告失敗，因此感到痛苦。而通常為了避免感到後悔，有些人選擇不採取行動，因為避免「熱後悔」的一種方法就是什麼都不做。但我們並不能真正防備「冷後悔」，因為一個人也可以對於沒有採取行動感到後悔：我本來可以這樣做，我當時應該那樣做，但我沒做。

事實上，我們曾在研究中要求受試者對自己的生命評分，而根據他們的看法，生命中最令人後悔的，往往都是沒有做的事情，而非已經做過的事。在人的一生中，常常會有很多事情是人們不敢做，或沒有勇氣去做的，長時間下來，會在人們心中培養出後悔的情緒，讓我們為沒有做到的「虛擬」景況追悔不已，其威力遠大於「對於行動的後悔」。例如，如果我不敢接近我喜歡的人，那就必須忍受很長一段時間的後悔（「如果我勇於表白並且成功了，我的人生會多麼不同」）。但如果我接近了對方卻被拒之門外，那麼就沒什麼好說的了，因為我已嘗試過，也看到了現實的狀況，接著該把注意力轉向其他事物了！

幫助你處理「後悔」的建議

克里斯多福

一項小練習：在每個「早知道我就不這樣……」之後，必須要接續「那麼現在我該怎麼做？」才有意義。也就是說，「這件事讓我學到了什麼教訓？」這兩個問題必須一起探討。

如果在還未充分接受後悔或罪惡感的情況下，就快速的再度行動，容易把事情弄得更糟。而如果我們只沉浸於沒有行動的罪惡感，卻不去做我們打算做的事情，也不是一種好的現象。對於前一次事件的後悔必須要對下一次的事件有用，而不只是在事情過後獨自反芻！

利他行為

馬修

我們往往傾向將「利他」「同情」與「同理心」三者混為一談。但在這三個概念後面的心理狀態其實非常不同，並會對我們的行為造成不同的影響，且進一步影響他人。「利他」也可以被解釋成「對他人的愛」，基本上是一種願意使他人受益的心態。如果我做出一項慷慨的行為，心裡卻同時盤算著自己是否能從其中獲得相等的收益，那麼這就不能算是利他，而是圖利行為。我們可以說，同情是利他行為在遭遇他人的痛苦時，所表現出的形貌。佛家特別用一句話定義同情：「願眾生離苦離憂。」

而這與同理心是有所不同的。

若我們的討論只專注在利他行為與同情的「情緒成分」之上，就會顯得有其限制性，其實這兩種心理狀態亦具有高度的「認知成分」，只是較少被人們提及。正是此認知層面上的特質，讓我們一方面能察覺到他人的需求——例如他們渴望擺脫不利或惱人的情境——另一方面，也增加了我們對於受苦對象的理解，無論此對象對我們而言是陌生人，或甚至是敵人。

在佛家觀點中，苦難最根本的因由是無知，心智上缺乏辨識力，使得我們用扭曲的觀點看待現實，並且產生各種令人煩憂的心理反應：從衝動的欲望到嫉妒、傲慢，以及許多其他負面情緒，最終導致仇恨。如果我們無視利他行為和同情心中所包含的認知性成分，而只關注以可見形式呈現的苦難，那麼我們將永遠無法真正治癒苦難。

若我們出於圖利自身的目的，進行對他人有利的行為，這並不能稱做真正的利他行為，因為我們仍著眼在提升己身利益的目的上。例如照顧老人可能是為了繼承遺產，給人實惠可能是為了博得讚譽，慷慨付出可能是為了得到慈善家的名聲，幫助他人有可能是為了減輕罪惡感、讓自我感覺良好或避免批評。

當我們僅僅為了使他人得益而幫助他人時，這才是真正無私的利他行為。我們在日常生活中，能不斷看到這類善良行為，其背後最簡單也最貼切的解釋正是「真正的利他」，而我們可以稱之為「平庸的善良」。美國心理學家丹尼爾．巴特森為了釐清此一主題，花費了三十年的時間，想像各種實驗性的狀況，以便能明確判斷受試者行為背後的利他或利己動機。在漫長的工作結束之後，他總結道，純粹的利他行為確實存在，而現存的科學知識完全無法針對他的研究成果，以「利己」的方式解釋之。

人們常常問我這個問題：「面對一個嗜血且沒有慈悲心的獨裁者，我要如何才能對他產生利他行為與同情？」同情旨在治癒所有的苦難。一位醫生面對狂怒且危險的瘋子時，並不會將其一棒擊倒，而是想辦法制服這個病人，並尋求治療的方式。我絕對不是提倡要對獨裁採取放任的態度，但若是心裡能存著一份希望，期待獨裁者能停止仇恨、殘酷、貪婪和冷漠的行為，期待產生畸形樣態的社會能獲得改變，這難道不是件良善之事嗎？

＊延伸參考關鍵字：同情（一四〇頁）、同理心（一四三頁）、相互依存（一四八頁）

幫助你增進「利他行為」的四項建議

馬修

● 不要對於「無條件的利他」感到害怕，認為自己一定沒有能力做到。事實上，只要能祝願「所有眾生都能找到幸福和幸福之根源，並且脫離苦難與苦難之根源」，就能讓你的利他意圖無條件化。當然，這並不表示你一個人必須有能力治癒所有人的苦難，只要不把任何人排除在利他的目標之外，就已經足夠了。

● 不要責怪自己無法做到能力之外的事情；而應責怪自己在可以反應時，卻選擇移開視線。

● 無論起點高低，善意與同情心就像其他所有身體和心靈素質一樣，是可以被培養的。

●以關愛身邊親友的自然能力為出發點，你可以漸漸將善意的對象擴大到家人和所愛的人之外。

三位智者的推薦書單

六本智慧法寶——馬修

《亂世中的快樂之道》／達賴喇嘛、霍華德．卡特勒

在這本簡單而深刻的書中，霍華德．卡特勒以靈巧並恭敬的方式，向達賴喇嘛提出問題，而達賴喇嘛展現了一貫的智慧，敦促我們透過培養人類的基本品格，例如仁慈、同情、滿足（學會不去想要得到更多）、自制和智慧，以避免落入苦難，並得到幸福。

《新千禧年的心靈革命》／達賴喇嘛

在他本人為當代讀者所寫的幾本書中，達賴喇嘛向我們展現了富有洞察力和同情心的領導能力，指導眾人如何共同努力，建立一個更好、更無私、更團結的世界。在這本書中，他明確提出了自己最喜歡談論的一些主題：現實的本質、眾生（和自然）的基本相互依存關係、世俗倫理、辨識力、人類的普遍責任、卸下武裝和宗教在世間的角色。

《你可以更慈悲》／頂果欽哲仁波切

如果我只能帶一本書去荒島上過日子，那就是這本書啦！它教導我們如何實踐無私的愛、慈悲、讚揚他人，以及公正，並進一步為我們提供了直接而嚴格的指示，以督促在我們在生命中的每一個時刻，都能將智慧付諸實踐，同時也朝內在的自由邁進。

《中論》／龍樹大師

這是一篇展現最純淨的佛教智慧的基本經文，談論所謂的「中庸之道」，其內容超越了思想和宗教史上、為了追求「現實」和「真理」所提出的種種觀點，特別是天真的現實主義以及虛無主義這兩種極端。這本書在大徹大悟中，超越了凡俗智識所構造出的概念，而這就是道的目的：純正的智慧。

《論生命之短暫》／塞內卡

一本令人耳目一新且非常有用的智慧書籍，提醒我們萬物的無常、死亡的確定性以及生命的不確定性，並以熱情的文字和敏銳的洞察力鼓勵我們，不要將自己的生命浪費在無聊的執念及無用的瑣事上。這本書值得一讀再讀！

《一位西藏瑜伽士的自傳》／夏布卡

美好的生命就是對智慧最真實、最豐沛的體現。這樣的生命在每一刻裡，都以和諧的行為、言語和思想展現出智慧。這本偉大的自傳是一份詳盡的精神指導，給予我們源源不斷的生命靈感。當我將它從藏文翻譯到法文時，從中得到的智慧滋養了我十年。夏布卡的故事有時極為動人、催人淚下，但有時則會使人發笑，而最重要的是，正如我的精神導師頂果欽哲仁波切所說：「在閱讀夏布卡生命的篇章時，我們的心靈被陶然的帶向智慧之路。」

我的五本口袋名單，幫助你增進智慧——克里斯多福

《重負與神恩》／西蒙・韋伊

這是一本語言清晰明朗的作品，鼓勵某種激進而嚴厲的生活哲學，其中沒有自滿、懶惰、說謊或妄想的餘地。西蒙・韋伊並不試圖安慰我們，而是打開我們的眼睛、撼動我們，使我們朝著完美的方向前進。從某種意義上說，她總是與自己交戰不休：「一旦生出了某種想法，就要試圖證明相反的思維也有可能是正確的。」如果所有人都能這樣思考，那麼世間的一切都會變得不同……

《哲學的辭典》／安德烈・孔特-斯蓬維爾

請注意，這不是一本把重要的概念局限在定義上的「哲學辭典」，而是一本「哲學的辭典」，也就是說，是哲學家按照字母順序，提出對種種生活事物的觀點。這本書清晰的思維方式是我在其他書籍上不曾見過的，它擁有優雅的寫作風格，並在每一頁裡都蘊藏著可以啟發我們的靈光，就像其對智慧的定義：「最高的幸福就是極致的

清醒。」

《蒙田隨筆》／蒙田

當我們聽到「必須用哲學的觀點看待事物」時，並不意味著我們必須在理論概念的幫助下反思自己的困境，而是我們必須接受現實：逆境就像是房租一樣，並不是擔心就可以不用繳。蒙田的哲學是一種日常生命的智慧，並非以論文或系統性的哲學語言寫作而成，因為蒙田是一個能從一切事物身上感到召喚、對一切都感興趣的人，他擅於在一天的最細微的事件裡（無論這件事使他感到幸福或痛苦），提取屬於自己的蜜糖。五個世紀前，蒙田寫下自己的思想，卻沒有特別編纂這本書，或認為這些文字有多麼不凡。他說：「我在這裡塗抹的一切，都只是我人生某種隨興的紀錄。」閱讀蒙田，使我們想用他的方式生活……

《是情緒糟，不是你很糟：穿透憂鬱的內觀力量》／喬·卡巴金

喬·卡巴金既不是哲學家也不是醫師，他從事某種更好的職業：他是米拉·金的丈夫，是一位治療師，並且是一位有遠見的人。在二十世紀末，他預感到世界需要靜心冥想，但是靜心冥想這個方法論當時並不顯著，僅僅在修道院和少數先覺者之間傳播。是喬．卡巴金透過發展一種世俗、可普及、可科學檢驗的靜心形式——「正念靜心」——才將這種方法推廣於眾。正念靜心在健康界和教育界收到廣大迴響，而後征服了整個世界，它不僅是一種壓力管理工具，還是一種對抗這個時代種種膚淺噪音和干擾的解毒劑。它亦是一種智慧之道：「接受的智慧」有助於公義的行動，而「活在當下的智慧」有助於好好思考過去和未來。「只要我們還在呼吸，就表示降臨在我們身上的好事比壞事多。」正念靜心極為簡單，它首先會令人吃驚，也令人不安，但在此之後會帶來欣喜和解放。

《沉思錄》／馬可．奧理略

你是否認為，一位活在大約兩千年前、做過羅馬皇帝（且可能是最偉大的皇帝）的歐吉桑與你無關？這是因為你還沒有讀過馬可．奧理略的《沉思錄》。他對智慧和不斷進步的追求使他始終與現實、自然和他人保持良好的連結，並終其一生抱持著謙虛的信念：「如果有人能以有力的證據說服我，我的觀點或行為是不正確的，我將很樂意改變它們。」他認為智慧不是從生活中退縮，相反的，智慧會與生命相互擦出火花，並以生命為養分，不斷滋長。

誠心推薦的七本心靈藥典——亞歷山大

《哲學的驚奇，西方思想的歷史》／珍妮．赫希

這本書清晰且振奮人心的為我們展現了西方思想潮流的全景。珍妮．赫希牽著我們的手，帶我們進入驚奇的世界，拜訪貫穿並建立了我們文明的思想家。正如亞里斯多德提醒我們的那樣，驚奇的能力是哲學的泉源……從前蘇格拉底時代到卡爾．雅士培，中間包括蘇格拉底、聖奧古斯丁、笛卡兒、康德、尼采、齊克果、海德格以及其他許多大哲人，都棲息在這本出色的指南中。珍妮．赫希這位瑞士哲學家喚醒我們的心靈，並教導我們從制式反應和偏見中脫身而出。

《當野馬遇見馴師：修心與慈觀》／邱陽創巴仁波切

這位偉大的藏族大師，透過書本的紙頁鼓勵我們實踐一條精神之路，並在日常生活中實現「修心」的核心。邱陽創巴仁波切教我們脫離「自我」所策畫的種種脆弱行動，以便展開一條自我奉獻之路，得到真正的內在解放。「修心」為我們消除了所有阻礙，使我們能像菩薩一樣，充滿了自由與喜悅。如果讓我選擇一本書帶到荒島上，這本書絕對是我的首選，它喚醒了我的精神，並日復一日的撫慰我的心靈。

《倫理學》／史賓諾莎

在充滿熱烈情感的字裡行間，史賓諾莎一點一滴剝除我們所遭受的一切折磨，並帶領我們走向幸福。這位偉大的「精神醫師」追蹤並分析了疏離背後的機制：帶著激情的混亂常常使我們變成可悲的自動化機械。史賓諾莎給了我們一個可以陪伴我們一整路的錦囊妙計：喜悅。這本有點艱澀的書向我們解釋，自由意味著遠離反覆無常、故步自封的自我。閱讀史賓諾莎可以體會並感覺到，人有可能獲得無條件的喜悅，因此我們該毫無保留的向世界說「好」。

《善惡的彼岸》／尼采

這位留著濃密八字鬍的哲學家，振聾發聵的教導我們，要質疑自己認為確定的事情、自己的需求，以及自己正在建築的世界體系。他同時也向我們傳達了對生命原貌的熱愛：無論生命對我們而言是悲劇或喜劇、艱苦或慷慨，都要熱愛生命。尼采向我們展現了靜心的實踐、解放的道路、自由的殿堂。

《我動盪的一生》／艾蒂・希勒桑

「接受」一詞不見得是一種自上而下，與屈服和宿命論相關的順從。在這本證言一般的書中談到的「接受」，是敏銳又充滿彈性的寧靜，開放、光明且飽含智慧。這本動人的日記可以幫助人們在生命中變得更好。

《禪者的初心》／鈴木俊隆

毫無疑問，這本書與邱陽創巴仁波切的《當野馬遇見馴師：修心與慈觀》一書相同，是練習靜心的最佳入門之一。鈴木俊隆介紹了坐禪的主要原理，「所謂原理，即非原理，是名原理。」這位偉大的思想家調皮笑著，讓我們領略到濃濃的禪意，以及沉浸在「此處」和「當下」的清新感覺。

《埃克哈特大師文集》／埃克哈特大師

神祕的埃克哈特大師用精采的文字，使我們擺脫了帶有復仇精神、喜歡計較的上帝。埃克哈特大師很自然的呈現出一種喜悅、清晰、深具影響力且寬大的超脫，這位偉大的形而上學家替我們的日常生活注入色彩，向我們展示了活著本身就是一件奇蹟。想要與他齊肩並行，就必須深入自己的內心深處，讓舊日的自己死去，重獲新生，並開闢一條遠離罪惡和沉重的道路。埃克哈特大師替我們清除了混亂，並使我們得到心靈的自由。

Eurasian Publishing Group
圓神出版事業機構
用心與你對話．視野無限寬廣
究竟出版社
Athena Press
www.booklife.com.tw reader@mail.eurasian.com.tw

哲學 044

人生關鍵字：僧侶、醫師與哲學家的智慧探索

作　　者／馬修．李卡德、克里斯多福．安得烈、亞歷山大．喬連安
譯　　者／Geraldine LEE
發 行 人／簡志忠
出 版 者／究竟出版社股份有限公司
地　　址／臺北市南京東路四段50號6樓之1
電　　話／（02）2579-6600．2579-8800．2570-3939
傳　　真／（02）2579-0338．2577-3220．2570-3636
總 編 輯／陳秋月
副總編輯／賴良珠
責任編輯／林婉君
校　　對／林婉君．賴良珠．林雅萩
美術編輯／林雅錚
行銷企畫／陳禹伶．鄭曉薇
印務統籌／劉鳳剛．高榮祥
監　　印／高榮祥
排　　版／杜易蓉
經 銷 商／叩應股份有限公司
郵撥帳號／18707239
法律顧問／圓神出版事業機構法律顧問　蕭雄淋律師
印　　刷／祥峯印刷廠
2021年8月　初版

L'Abécédaire de la sagesse

定價 420 元　ISBN 978-986-137-333-1

要是我們忽視身體，遲早要付出慘痛的代價。
只消牙痛一來，或者是極度疲勞，
就足以顯示出我是多麼沒耐心、我的愛是多麼地脆弱。
藉由擁有對他人的愛，傾聽和尊重自己天生的節奏是很重要的。

——亞歷山大・喬連安，《三個朋友的人生智慧大哉問》

國家圖書館出版品預行編目資料

人生關鍵字：僧侶、醫師與哲學家的智慧探索／馬修・李卡德（Matthieu Ricard）、克里斯多福・安得烈（Christophe André）、亞歷山大・喬連安（Alexandre Jollien）合著；Geraldine LEE 譯. -- 初版 -- 臺北市：究竟，2021.08
416面；14.8×20.8 公分 --（哲學；44）
譯自：L'Abécédaire de la sagesse

ISBN 978-986-137-333-1（平裝）

1. 自我實現　2. 人生哲學

177.2　　110010053